U0856532

汽车大王与众不同的销售理念

# 我在乔·吉拉德身上学到的推销故事

方百川◎著

所有人都要学的销售技巧

天津出版传媒集团
天津人民出版社

**图书在版编目（CIP）数据**

我在乔·吉拉德身上学到的推销故事/ 方百川著 .
--天津 ：天津人民出版社，2017.12
ISBN 978-7-201-12739-2

Ⅰ . ①我… Ⅱ . ①方… Ⅲ . ①推销—方法 Ⅳ .
① F713.3

中国版本图书馆 CIP 数据核字（2017）第 297193 号

**我在乔·吉拉德身上学到的推销故事**
WOZAI QIAOJILADE SHENSHANG XUEDAO DE TUIXIAO GUSHI

---

出　　版　天津人民出版社
出 版 人　黄　沛
地　　址　天津市和平区西康路35号康岳大厦
邮　　编　300051
邮购电话　（022）23332469
网　　址　http://www. tjrmcbs. com
电子信箱　tjrmcbs@126.com

责任编辑　刘子伯
装帧设计　孙希前

印　　刷　三河市航远印刷有限公司
经　　销　新华书店
开　　本　710×1000毫米　1/16
印　　张　15
字　　数　120千字
版次印次　2017年12月第1版　2017年12月第1次印刷
定　　价　36. 00元

---

# 前言 FOREWORD

世上有最难的两件事，一件是把自己的思想装进别人的脑袋，一件事把别人的钱装进自己的口袋。

推销，最简单的理解就是从商品或服务到货币的惊险一跃，通俗地说就是卖东西，把自己的产品推销出去，把别人口袋里的钱赚回自己的口袋。可想而知，这是一项难度很大的工作，却又是一种回报率很高的工作。

世界上最伟大的推销员乔·吉拉德，35岁时，跌落到最幽暗的人生谷底，“在我人生的前三十五个年头，我自认是全世界最糟糕的失败者！”走投无路时，乔·吉拉德向朋友求得汽车销售员的工作，从此便一发不可收拾，创造了5项吉尼斯世界汽车零售纪录：（1）平均每天销售6辆车；（2）最多一天销售18辆车；（3）一个月最多销售174辆车；（4）一年最多销售1425辆车；（5）在15年的销售生涯中总共销售了13001辆车。

乔·吉拉德是如何获得成功的？是如何将这天下难事做得如此富有传奇色彩的？答案无外乎是他懂得销售的真谛。

那么，如何才能像乔·吉拉德一样领悟销售的真谛，炼就一身非凡的销售本领呢？本书特从自信、形象、口才、心理、细节、博弈、人脉、潜规则等方面介绍了一些必备的销售技能，给销售人员提升业绩提供了很好的指导和参考，以助销售人员能从中吸取营养，通过销售来改变人生。

假设你接到这样一个任务，在一家超市推销一瓶红酒，时间是一天，你认为自己有能力做到吗？你可能会说：小菜一碟。那么，再给你一个新任务，推销汽车，一天一辆，你做得到吗？你也许会说：那就不一定了。如果是连续多年都是每天卖出一辆汽车呢？你肯定会说：不可能，没人做得到。可是，世界上就有人做得到，这个人在12年的汽车推销生涯中总共卖出了13 000辆汽车，平均每天销售6辆，而且全部是一对一销售给个人的。他也因此创造了吉尼斯汽车销售的世界纪录，同时获得了“世界上最伟大推销员”的称号，这个人就是销售之王乔·吉拉德。

乔·吉拉德的经历告诉我们，任何人在事业上的成就也不是一步登天、平步青云，顶尖销售人员和普通的销售人员在起点处并没有太大的不同。同样的起点，同样的销售流程，他们的能力也并不比普通销售人员高出多少。但是，顶尖的销售员每天所做的事情与普通销售人员相比，仅仅有那么一点点微小的不同，他们只多付出了1%的激情、1%的准备、1%的思考、1%的执着——就是这一点点微小的不同，他们成功了。

本书借用乔·吉拉德的经历，全面讲述了销售知识，从角色认知到最后勇敢地面对挫败，都做了详细而简练的概述。本书告诉每位读者，销售人员真正销售的不是他所卖的商品，而是他自己；成交是销售过程中最关键的部分，抓住客户并取得他们的信任，才是实现销售的要诀。

# 目录

CONTENTS

前　言 / 001

第一章　推销产品就是推销自己 / 001

推销自己前要先肯定自己 / 002

相信自己可以做得到 / 008

成功推销就是坚持到底 / 012

认识自己，成功的第一步 / 017

主宰自己，成功推销 / 020

销售是勇敢者的职业 / 023

时刻让客户保持信任感 / 026

第二章　信念筑就你的成功 / 031

选择推销就要融入于推销 / 032

绝不轻言放弃自己的目标 / 034

永远保持对细节重视 / 037

自我激励，业绩最重要 / 042

一颗专注于推销的心 / 047

坚信处处都有新市场 / 049

树立明确的目标 / 054

坚定的信念 / 057

## 第三章　坚韧品质，永不言败 / 061

在逆境中改变自己 / 062

大师要禁得起挫折 / 064

成功就是坚持到底 / 069

走出黎明前的黑暗 / 072

理性地看待失败的价值 / 074

学会卷土重来 / 077

你就是王牌推销员 / 084

## 第四章　推销表面功夫要做好 / 089

推销从衣着打扮做起 / 090

笑口常开好运自然来 / 092

用火热的心感染你的客户 / 095

握手也是一门学问 / 097

抛弃恶习，成就事业 / 099

在名片上花点心思 / 102

耐心处理客户的不满 / 106

对待客户的异议要注意 / 110

## 第五章　练就永远向前的品质 / 115

你的字典里没有“退”字 / 116

瞻前顾后只会让你停滞不前 / 118

推销的路上离不开勇气 / 122
破釜沉舟让你不再软弱 / 125
成功就在拒绝后 / 128
销售贵在坚持 / 131

**第六章　明白客户的心思，得到订单 / 137**
尊重客户才能获得订单 / 138
赞美客户，赢得生意 / 141
群追猛打要有度 / 145
讨价还价里的学问 / 148
嫌货的人才是真买家 / 151
每一个客户都渴望得到关怀 / 154
优质的服务就是最好的推销 / 156
要像服务自己一样服务顾客 / 160
如何处理好客户的投诉 / 163
让客户满意是服务的根本 / 167
真正的推销始于售后 / 171

**第七章　销售就是拼人脉 / 175**
朋友越广，订单越多 / 176
和成功的人在一起你也会成功 / 178
开动脑筋和客户建立关系 / 181
用好 250 定律 / 184
建立关系网也要找对方法 / 187

人生不能没有朋友 / 189

整理规划你的人际关系网 / 193

充分利用人际关系网络 / 195

渠道的力量不容忽视 / 198

**第八章　成功推销的十大禁忌 / 203**

影响销售的负面语言 / 204

胆怯紧张的个人心理 / 208

轻视团队合作的自负心理 / 212

对不同客户做势利心理 / 216

因循守旧、墨守成规的方式 / 218

贬低对手的狭隘心态 / 222

盲目自大的心理 / 224

急于求成的浮躁心理 / 227

# 第一章　推销产品就是推销自己

乔·吉拉德说过这样一句话：“这是一个充满竞争的时代，只挥洒汗水的劳动已经无法获得更大的成就。我懂得如何更好地去工作，因为首先我相信自己。我用智慧和知识充实我的头脑，灵活我的四肢，使我更有影响力。我越来越清楚：我不仅是在卖产品，更是在卖自己。事实上，凡是向你买东西的人，买的都是你。”

## ◆ 推销自己前要先肯定自己

乔·吉拉德曾经对每一位销售人员提过这样一个问题：作为一名推销员，你是否经常这样告诉自己，推销员的职业是高尚的！推销员是最勇敢最有前途的人！

如果你的答案是肯定的，那么，终有一天你会在销售领域一展身手；但如果你的答案是否定的，那么，你的前途真的是要再从长计议了。

实际上，你不必对自己的职业有所否定，生活中，人人都是推销员。这是因为，无论你是在工作岗位上，还是在日常人际交往中，想要证明自己的价值、达成自己的目标，都需要向他人不断地推销自己的思想、观点、主张、感情、产品、服务等，以此来让他人了解自己、理解自己，从而实现自己的愿望和价值。

其实，很多在我们看来获得巨大成功的人往往都是从推销做起的，他们在从事过艰辛而又充满希望的销售工作后，一步一步脚踏实地地前进才拥有了今天的成就。华人首富李嘉诚就是这样一位传奇式人物。

李嘉诚的名字可以说是享誉海内外。

他是香港最大的土地拥有者，他的地产、金融、酒店、电力、石油等业务遍布世界各地，《华盛顿邮报》称之为“最富的华人”。他并非继承祖业，也非出身显赫。清贫的家境、苦难的童年、一贫如洗的“打工仔”、“拥有亿元资产的巨富”构成了李嘉诚成长、发展的轨迹。他是如何实现这奇迹般的飞跃的呢?

李嘉诚曾说；“我在创业初期，几乎百分之百不靠运气，而是靠工作、靠辛苦、靠工作能力赚钱。你必须对你的工作、事业有兴趣，要全身心地投人工作。”李嘉诚下定决心要打造自己的事业王国，他不希

望自己的人生计划落空。面对人生坎坷，他相信自己的能力，相信靠自己的打拼，定会成为一名强者。在他看来，成大业者必须要有战胜一切的雄心，只有敢于向一切艰难挑战。才可能开创出一片属于自己的天地。

李嘉诚出生于广东省潮安县府城北门街面线巷一座古宅的书香世家，父亲李云经是当地一位德高望重的教师，曾任校长。1937 年，抗日战争爆发。汕头沦陷后，年仅 10 岁的李嘉诚随父母背井离乡过了两年的流浪生活。1941 年，李嘉诚一家辗转来到香港，投奔李嘉诚的舅舅庄静庵。

到达香港后，为了入乡随俗，尽快适应香港的生活，同时也为日后做准备，李云经要求李嘉诚首先“学做香港人”，要尽快攻克广州话和英语这两道语言关。

李嘉诚遵秉父旨，勤学苦练。即使后来因父亲早逝，李嘉诚辍学到茶楼、到钟表公司当学徒，每天十多个小时的辛苦劳作之后，他也从不间断地学习广州话和英语。功夫不负有心人，几年后，李嘉诚熟练地掌握了这两门语言，为后来的成功奠定了坚实的基础。

李嘉诚一家到香港不久，香港也被日本占领了，生活的艰苦可想而知。更不幸的是，李嘉诚 14 岁那年，他的父亲因病去世。

怀着对父亲的承诺和对家庭的责任，身为长子的李嘉诚谢绝了舅父继续供他读书的好意，毅然决然地辍学求职。他要挣钱，要挣好多好多的钱。此时，这名 14 岁的少年只有一种信念，就是要养活母亲和弟妹，他必须挣钱。从此，李嘉诚稚嫩的双肩挑起了生活的重担，走上了一条需要不断挣扎、奋斗的人生道路。

为了一家人的生活，李嘉诚开始到一家茶楼去当跑堂，每天天不亮就要到茶楼去烧水。白天不停地招呼客人，晚上 11 点多才能回家，这对一名十几岁的孩子来说，实在是太累了。但是，为了生存他只能默默承受。就算这样，李嘉诚一天的收入也才够一家人勉强糊口。当时，正值战乱，物资奇缺，物价飞涨，这使李嘉诚一家人的生活异常艰难。

两年多的茶楼生活，磨炼了李嘉诚吃苦耐劳的品质，同时也使他认识到，要改变自己的贫困命运，就必须去努力奋斗，去闯天下，他立志要出人头地。于是，他辞去了茶楼的工作，来到一家塑胶厂当上了推销员。他不辞辛苦，四处奔波，观察市场，捕捉信息。李嘉减凭着自己机敏的头脑、得体的语言，一次又一次地赢得客户的信赖，使产品的销量大增。为了弥补自己知识水平的不足，每天深夜他都刻苦读书。由于李嘉诚工作勤奋、好学上进，深得塑胶厂老板的赏识，年仅 20 岁，他即被提升为经理。但是，李嘉诚有更远大的理想，他要成为一名实业家，他要出人头地。于是，李嘉诚不顾老板的再三挽留，毅然辞去了待遇优厚的经理职务，又开始了他的奋斗生涯。

1948 年底，李嘉诚租了几间破房子，雇了几名工人，创立了“长江塑胶厂”，主要生产玩具和家庭用品。建厂初期，由于资金少，人才缺，因此，采购、设计、施工、推销都要靠自己。虽然李嘉诚苦心经营，但几年下来，塑胶厂仍面临着很大的困难，但李嘉诚没有灰心，他仍然勤奋地工作，执着地追求着。

20 世纪 50 年代后期，通过观察市场，李嘉诚发现，塑料花在香港市场上特别走俏，而且随着人们的物质生活水平的不断提高，人们对塑料花的需求还会不断增加；在产品外销中，李嘉诚又发现美洲和欧洲也出现了塑料花热，几乎每个家庭、办公室都要用塑料花来点缀。可见，塑料花具有很强的市场潜力。于是，李嘉诚决定转而主要生产塑料花。

1957 年，“长江”的塑料花出厂，投入市场后一炮打响，李嘉诚在香港名声大振。随后，“长江”塑料花又销往欧美市场，获得了很高的声誉，长江塑胶厂财源滚滚，一跃成为世界上最大的塑料花厂。这样，一幢新型楼房代替了昔日的几间破厂房，长江塑胶厂变成了“长江实业有限公司”。

当塑料花给李嘉诚带来巨额利润时，他并没有因自己一个“打工仔”变成“塑料花大王”而陶醉。他冷静地分析市场趋势，一方面不断扩大塑料花的销路，一方面又把目光瞄向了新的目标——房地产。

李嘉诚认为，香港是个弹丸之地，20 世纪 50 年代后，随着经济的不断发展，人口不断膨胀，居民的住宅日趋紧张，因此，地产业的前景不可估量。于是，李嘉诚经过长时间的冷静思考，以其超人的胆识，果断地做出了他一生中关键性的选择。1957 年，李嘉诚在自己工厂附近买下一块工业用地，靠贷款建造了几幢住房和一幢 12 层的办公大楼，然后出售，收回的钱再用来购地、建房……就这样，李嘉诚的地产业“滚雪球”式地发展着。李嘉诚知道，香港人多地少，地皮永远珍贵，因此，他经营房地产不是急于求利，而是按部就班地发展着。这样，到 1972 年，李嘉诚的长江实业有限公司已拥有一百多万平方英尺的楼宇面积。

20 世纪 70 年代，由于石油危机引起了世界经济的衰退，香港地价下跌幅度很大。李嘉诚高瞻远瞩，认为用不了多久香港的地价就会回升，而且很可能出现暴涨。于是，他看准这一机会，以最快的速度用低价购进大量的土地，并十分冒险地用自己 6800 万港元的私款买下了长江实业公司的股票，以此来提高长江实业公司的购买力。

不出李嘉诚所料，1979 年，香港地价果然开始回升，这给长江实业有限公司带来了成倍的利润。到 1981 年，李嘉诚已拥有 2900 万平方英尺的地盘面积（建筑楼宇的土地面积），成为除香港政府之外的最大的土地拥有者。

李嘉诚以其超人的智慧和胆识，果断行动，孤注一掷，又一次获得了成功。然而，锲而不舍、不断进取的精神，促使李嘉诚又向更高的目标迈进了。

从 1977 年开始，长江实业公司的业务范围就已超出地产业，开始向多元化和综合化发展。但是，李嘉诚已经不满足于在华资圈子中打转，他的目标瞄向了具有传统势力暂无华人敢碰的英资集团。

周密分析，敢于冒险，雷厉风行，这就是李嘉诚的做事风格。

1977年，香港地铁要在中区闹市的遮打站和金钟站上搞兴建招标，许多财团奋起争标。李嘉诚机智地提出兴建优质商业大厦以高价出售，并将商业大厦和地铁工程同步，以便使地铁迅速收回巨额资金的计划，从而使“长江”奇迹般地战胜了英资财团控制的“置地”产业公司，一举夺标。这一开华资战胜英资先河之举，使李嘉诚名利双收，由此，李嘉诚得到了汇丰银行等英资集团的信任。

1978年，李嘉诚又购买了老牌英资公司“青洲英泥”40%的股票，成为该公司董事局主席。紧接着，他又把自己所有的“九龙仓”20%的股权转让给包玉刚，为自己收购“和记黄埔公司”打下基础。

1979年9月25日，是李嘉诚事业发展中最重要的日子，也是香港经济史上划时代的一天。这一天，李嘉诚郑重宣布：长江集团从汇丰银行手中购得英资“和记黄埔公司”22．4%的股权。这样，长江集团就成为香港历史上第一家控制英资财团的华资集团。

李嘉诚控制“和记黄埔”开创了华资企业控制英资企业的先例，写下了香港经济史上的重要一页，李嘉诚也由此成为香港历史上第一位出任英资洋行总裁的华人，这使世人感到震惊。

在李嘉诚领导下的“和记黄埔”连续作战，屡战屡胜。经过12年的苦心经营，到1990年3月，“和记黄埔”已成为香港最大的跨国综合企业公司，主要经营地产、电讯、集装箱码头、能源和零售五大核心业务。其市值高达301．37亿港元，居所有上市公司之首，论其实力，仅次于印刷钞票的汇丰银行。

经过李嘉诚四十多年的不懈奋斗，到20世纪90年代初，其经营范围已涉及地产、石油、贸易、零售、集装箱码头、通讯、金融、财务、电力、石矿、水泥等各个领域。他个人持有34.85%长江实业、800万股和记、

62%嘉宏、34.3%港灯、100%青州水泥、4.9%大东电报的股份。另外，他私人持有加拿大温哥华太平洋村50%的发展权益、9%加拿大帝国商业银行、10%星洲新达城发展权，并拥有深水弯道独立花园洋房，累计个人财产约200亿港元。

从李嘉诚的身上，你获得了成功的启示吗？

推销，是一份具有挑战性的工作；推销员，是社会发展中一种十分重要的角色。作为推销员，当你肯定了自己的职业，在推销的过程中付出的努力都会日渐成效，才能的施展与可观的回报都将是成就所在；而在这一过程中所建立起来的客户关系网也会帮助你越走越远，将所得的成绩不断扩大，个人的才能也将获得进一步的提升。总的来说，当你在肯定自己职业的前提下，具备了足够的自我推销的能力，才能在这种“推销社会”中立于不败之地。

然而，很多人或是因为一时兴起，或是因为生活所迫，才走上了推销员的岗位。由于他们对于自己的职业没有清醒的认识，对未来没有长远的规划和目标，因而并不看好自己的职业：面对客户的拒绝知难而退，面对冷嘲热讽心生自卑，面对前途渺茫顾影自怜。

事实上，心态不好的人，即使不做推销员也很难做成其他事情。对于每一个人来说，你所选择的职业本身并没有什么对与错、好与坏，如果你的心态不好，也不够努力踏实，那么，即使给你一份人人羡慕的职业，你打算走多远呢？我们都知道，“不是环境或遭遇决定了我们的命运，而是我们对环境或遭遇所抱有的态度”。因此，把握好你的每一天吧，时刻对自己骄傲地说：“我是一名推销员！”

**推销秘籍**　能够成功销售的人，都热爱并肯定自己所从事的职业，以此为荣并终生为之付出辛勤努力。

## ◆ 相信自己可以做得到

相信自己，就是要“自信”，就是面对困难、挫折和新的挑战不要屈服，不要胆怯。面对困难、挫折、挑战只要你肯相信自己，不断努力地付出，哪怕你现在的人生是从零开始，你都可以做得到。

有这样一个人，小的时候，他成天沿街卖报，在酒吧里替人擦鞋，还做过洗碗工、送货员等，除了在街上所学的之外，似乎没有什么可指望了。在35岁以前，他还是个全盘的失败者，患有相当严重的口吃，换过40份工作仍一事无成。然而，谁能想象得到，像这样一个背了一身债务、几乎走投无路、谁都不看好的人，竟然能够在短短的3年内登上世界第一的位置，并被吉尼斯世界纪录称为“世界上最伟大的推销员”——他就是乔·吉拉德，这位世界销售界的传奇人物以连续12年平均每天销售6辆汽车的成绩，荣登世界销售第一的宝座，至今无人突破。

还有这样一个人，他从小过着衣来伸手饭来张口的生活，并在这种环境中滋生了叛逆顽劣的个性——脾气暴躁、调皮捣蛋。在读小学时，他因为对老师的批评心怀怨恨，用刀片划破了老师的后背。这一举动不仅使他在校园内名声大振，而且传遍了十里八乡，村里的人更是视他为“混世魔王”。人们对这个“小太保”无不敬而远之。长大以后，他又暴露了更多的缺点：脾气太坏，个性急躁，沉不住气，粗心大意，固执己见，自以为是……就是这样一个几乎被人挑不出优点的人，最后居然成了日本的推销之神——他就是原一平。

也有这样一个人，他的第一份推销工作是为一家制造收银机的公司做推销。在他从事这项工作的初期，他觉得前途一片黯淡，有时候他会站在街头茫然不知所措，生活的重压常常使他产生绝望的情绪。在这样的状态下，推销的前几个星期他没有卖出去一台机器。但最后，他成了一名优秀的推销大师——他就是齐格·齐格勒。

这些就是世界上最伟大的推销员最初的资料，他们在一开始跟普通人并没有什么区别，甚至更差，但他们最后都成功了。同样是人，同样是做销售，他们可以做得到，你为什么不可以呢？不要找借口总是对自己说“我不行”，很多时候，认真分析起来，你就会发现这样的借口有多脆弱。你应该时常问自己：为什么比尔·盖茨四十多岁就成为垄断世界软件行业的巨头？

为什么李嘉诚能够在常人都认为是低谷的时候大举进军房地产业而获得成功？

成功永远不会是偶然的，总是会有这样的因结成那样的果。在这之中，好的心态是众多成功销售者的基石与前进的马达。所以，放弃一些可笑的理由吧，你的思考模式、你的心态决定了你销售生涯的成败，决定了你的未来能够走多远。年轻、没有经验，这都不是问题，因为经验只代表过去，而不代表未来；低学历也不是问题，因为学历代表的是系统学习和潜力，并不代表悟性；没有背景也不是问题，因为背景代表的是资源，并不代表运作资源的能力；入行时间短也不是问题，因为行业时间越长代表其惯性思维越强，创新能力越弱。所以，你要知道，你唯一缺乏的就是相信自己也是“最伟大的推销员”。

自信的力量是巨大的，自信的价值是无法估量的。

2001 年 5 月 20 日，美国一位名叫乔治·赫伯特的推销员，成功地把一把斧子推销给了小布什总统。布鲁金斯学会得知这一消息后，把一只刻有“最伟大的推销员”的金靴子奖给他。这是自 1975 年以来，该学会的一名学员成功地把一台微型录音机卖给了尼克松之后，又一学员迈过如此高的门槛。

布鲁金斯学会创建于 1927 年，以培养世界上最杰出的推销员著称于世。它有一项传统，在每期学员毕业时，都设计一道最能体现推销员实力的实习题让学生去完成。克林顿当政期间，他们出了这么一道题目：请把一条三角裤推销给现任总统。8 年间，有无数名学员为此绞尽脑汁，最后都无功而返。克林顿卸任后，布鲁金斯学会把题目改成：请将一把斧子推销给小布什总统。

鉴于前 8 年的失败与教训，许多学员都知难而退。个别学员甚至认为这道毕业实习题会和克林顿当政时一样毫无结果，因为现在的总统什么都不缺。即使缺什么，也用不着他们亲自购买。再退一步说，即使他们亲自购买，也不一定正赶上你去推销的时候。

然而，乔治·赫伯特却做到了，并且没花多少工夫。一位记者在采访他的时候，他是这样说的："我认为，把一把斧子推销给小布什总统是完全可能的。因为小布什总统在得克萨斯州有一座农场，那里长着许多树。于是我给他写了一封信。信中说：

"'有一次，我有幸参观您的农场，发现那里长着许多矢菊树，有些已经死掉，木质已变得松软。我想，您一定需要一把小斧头，但是以您现在的体质来看，这种小斧头显然太轻，因此您仍然需要一把不甚锋利的老斧头。现在我这儿正好有一把这样的斧头，它是我祖父留给我的，很适合砍伐枯树。倘若您有兴趣的话，请按这封信所留的信箱，给予回复……'

"最后，他就给我汇来了 15 美元。"

乔治·赫伯特成功后，布鲁金斯学会在表彰他的时候说：金靴子奖已设置了 26 年。26 年间，布鲁金斯学会培养了数以万计的推销员，造就了数以百计的百万富翁。而这只金靴子之所以没有授予他们，是因为我们一直想寻找这么一个人——这个人从不因有人说某一目标不能实现而放弃，从不因某件事情难以办到而失去自信。

乔治·赫伯特的故事在世界各大网站公布之后，一些读者纷纷搜索布鲁金斯学会的网站。他们发现，在该学会的网页上贴着这样一句格言；不是因为有些事情难以做到，我们才失去自信；而是因为我们失去了自信，有些事情才显得难以做到。

乔治·赫伯特的成功正源于他的自信与努力。没有人是可以一步登天的，他可以做得到的，你没有自信做得到吗？

千万不要缺少了自信，因为没了自信你也就没有了前进的意志力。意志力又有多重要呢？

棒球选手每次出场向 0.3 的胜率挑战，只要他 10 次出场，能击出 3 次安打，他就能保持他的打击手地位。也就是说，他的意志要面对 7 次失败的压力而不沮丧、不被摧毁。

而推销员在进行推销时，要面对很多次的“不需要”“没预算”“不喜欢”“太贵”的拒绝，才会产生一位有意向的客户。若是没有坚强的意志，你是很容易被击垮的。虽然推销的技巧能提高成功率，却仍然是远低于 0.3 的胜率。

推销员也是人，你很难要求自己长时间终日处在被客户拒绝的环境中，仍能维持超强的意志力。但是你的意志力必须支持你完成“最低目标”。

什么是“最低目标”呢？所谓的最低目标，是你要能达成三成以上的业绩是由你的客户介绍而来的。那么到底要花多长的时间才能达到这项目标呢？每种行业不同，但是任何行业都是一样的。你拥有的客户数越多，你的推销工作就会越做越好。

因此，对你的意志力的第一项挑战就是不管多么艰辛，你一定要有坚定的信念达到最低目标。

对意志力的第二项挑战是你必须鞭策自己确实地执行每天的推销计划。完成你每天计划要做的新客户拜访、拜访几位准客户、打通几个预约电话，绝不要替自己找理由拖延每天该执行的计划。专业与非专业的差别就在每天计划的执行程度上。

你觉得这一切对于你来说很难吗？至少，每位成功的销售人，他们都做到了！你不会认输的，对吗？那么，现在，马上去做！大声地对自己说：“我是最伟大的！别人做得到的，我也可以做得到！”

**推销秘籍** 能够成功销售的人，仅比他人多了一点自信与意志力，始终坚信自己可以达成目标，并坚持对自己说："我也做得到！"

## ◆ 成功推销就是坚持到底

乔·吉拉德曾经接受采访时说过这样的话："当我的事业迎来辉煌的时候，有人问我：'你成功的秘诀是什么？'我回答说：'每当我遇到挫折的时候，我只有一个信念，那就是马上行动，坚持到底。成功者绝不放弃，放弃者绝不会成功！'我要坚持到底，因为我不是为了失败才来到这个世界上的，更不相信'命中注定失败'这种丧气话，什么路都可以选择，但就是不能选择'放弃'这条路。我坚信自己是一头狮子，而不是头羔羊；在我的思想中从来没有'放弃''不可能''办不到''行不通''没希望'等字眼。"

在美国有一位销售员约翰，他曾经是一家报社的职员。他刚到报社当广告推销员时，不要薪水，只按广告费抽取佣金。他列出一份名单，准备去拜访一些很特别的客户。

在去拜访这些客户之前，约翰走到公园，把名单上的客户念了100遍，然后对自己说："在本月之前，你们将向我购买广告版面。"

第一周，他和12位"不可能的"客户中的3位谈成了交易；在第二周里，他又成交了5笔交易；到第一个月的月底，12位客户只有一位还不买他的广告。

在第二个月里，约翰没有去拜访新客户，每天早晨，那位拒绝买他广告的客户的商店一开门，他就进去请这位商人做广告，而每天早晨，这位商人都回答说："不！"每一次，当这位商人说"不"时，约翰假装没听

到，然后继续前去拜访，到那个月的最后一天，对约翰已经连着说了30天“不”的商人说：“你已经浪费了一个月的时间来请求我买你的广告，我现在想知道的是，你为何要这样做。”约翰说：“我并没浪费时间，我等于在上学，而你就是我的老师，我一直在训练自己的坚持。”这位商人点点头，接着约翰的话说：“我也要向你承认，我也等于在上学，而你就是我的老师。你也已经教会了我‘坚持到底’这一课，对我来说，这比金钱更有价值。为了向你表示感激，我要买你的一个广告版面，当作我付给你的学费。”

事实证明，成功只有一条简单的路——坚持。虽然有时也许成功的概率微乎其微，但只要存在着可能，就要勇敢地接受挑战，只有这样才会存在成功的可能性，倘若在一开始就放弃，成功又怎么会青睐于你呢？

其实，做什么事都会遇到挫折，有的人一次就放弃，有的人两次后放弃，也有的人坚持到五次后放弃，不管几次，放弃的结果是一样的——失败。失败几次不要紧，只要不放弃，也只有一种结果——成功。在拳击比赛中，往往是那些能够坚持再战一回合的人，便永远不会再被击倒。

坚持是成功的最大秘诀，拥有坚持，就是拥有成功。因为，坚持就会有机会！

淘金之风正热时，乔·吉拉德有位伯父也迷上了“热金”，只身跑到西部去挖金矿，好实现他的发财梦。他从来也没有听说过“有史以来从土里挖出的金矿，远没有如人类想象中要来得多”这句话。于是他申请了一块土地，拿着工具，动手开挖。

就这样挖了几周后，他发现了亮晃晃的金砂，颇有收获。但他没有机器把矿砂弄上地面，便不声不响地埋了矿，回到了家乡，把他走运的发现告诉了亲友。大家凑足了买机器的钱，把机器送到矿场，这时乔·吉拉德也跟着伯父去挖矿。

挖出来的第一车矿送到了冶金场提炼。结果证明，他们挖到的是最丰富的矿藏之一。再多挖上几车的矿，他们就可以偿清债务，之后的进账将是一笔巨大的财富。

挖金的钻往下窜，送上来的是乔·吉拉德和伯父的希望！但是好运不再了，矿脉突然间踪迹尽失，矿藏似乎已经不再有了。他们不停地钻，希望能重拾矿脉，结果却是徒劳无功。

最后，他们放弃了继续努力。

他们把器材以区区数百元的价格卖给了一位旧货商，然后搭火车回家。这位旧货商邀请了一位开矿工程师去看矿坑，做实地的地质测量。结果发现，原计划会失败，是因为矿主不熟悉“断层线”所致。据工程师的推断，矿脉就在乔·吉拉德“歇手处的下方 3 英尺”。结果，矿脉果真就不偏不倚地在地下 3 英尺处“露脸”了。

“再挖 3 英尺”的教训给乔·吉拉德上了生动的一课，以至于他在后来投入人寿保险行业后，始终坚信“坚持可以转换成黄金”，在请客户购买保险的时候，他绝不会因为人家说“不”而就此罢休。这样的坚持让他在后来晋身至年收入逾百万美元的精英之列。

可见，任何人在成功之前，都可能会遭遇一时的失意，甚至惨败几回。美国的霍桑曾经说过：“人生包括两部分——过去的是一个梦；未来的是一个希望。”我们不都是大智者，在人生的道路上总会遇到困难和挫折，我们总会犯下错误，但我们必须学会摔倒后马上爬起来往前走。因为，有时成功与失败只是一念之差，一步之遥。

对于推销员来说，信念中绝对没有失败，只有放弃。成功和失败都是一种习惯的表现，而放弃是失败习惯中最严重的一种，失败者之所以失败，就是因为他们太习惯于放弃。很多人往往是在下一秒即将成功的时候便放弃了，其实他并没有失败，只是自己要放弃而选择了失败，他们缺乏的是坚持的精神。而当克服了这种怯懦的心理，拥有了健康向上的心态，成功又会接踵而至。

“中国第一推销员”郜勇夫的经历也可以给我们坚持下去的启示。

1991 年 2 月的一天，郜勇夫闯进顺德迅发合成皮革厂总经理办公室求职，总经理让郜勇夫谈谈推销经验，郜勇夫说：

“我最成功的经验就是一家一家地走，走第一家没拉到订单，那么相信第二家一定会有希望，走第一百家失败了，那么我坚信第一百零一家我会成功，就这样充满信心地走下去……”

总经理说：“如果第一百零一家又落空了呢？”

“那我再回过头来，从第一家重新走起，一次不行，两次；两次不行，三次；三次不行，四次、五次……直到有客户说行！"

总经理说：“好，我就是需要你这样有耐心、有耐力、特别能走的推销员！”

当时，顺德这家合成革厂的政策是推销员头三个月内有差旅费报销。

郜勇夫奔波了三个月，武汉、温州、福州、厦门、蒲田、泉州、石狮……郜勇夫一家一家地走，走了多少家，他自己都记不清了，令人失望的是一份订单也没拉到，但郜勇夫仍充满着信心和热情。总经理被郜勇夫的这种精神所感动，又给了郜勇夫三个月的试用期，还借给郜勇夫一笔足够的差旅费，郜勇夫又开始了第二轮、第三轮的逐家走访。然后又辗转北京、沈阳。三个月过去了，在归来的途中，郜勇夫累出了胃出血，病倒在火车上，却仍然没有拉到订单。这时，总经理找郜勇夫谈话了，他对郜勇夫很关心，要郜勇夫退下来，不要干推销员了，在厂里负责设备维修，并安慰郜勇夫，跑了半年没拉到订单，并不说明他没能力，只能说运气不好。可郜勇夫仍不甘心。

炎热的夏天来了，厂里不再承担差旅费了。和郜勇夫同时进厂的推销员伙伴走了一多半。郜勇夫把存折上在皮革厂挣到的 6 个月底薪 1800 元一次性全部取出来，做最后一次拼搏！在珠江三角洲广深、广珠两条国道的沿线，需要皮革做原料的鞋厂、手袋厂一家挨一家地走。郜勇夫背着行囊，抱着皮革样品，在烈日的暴晒下，沿着公路徒步跋涉，逐家寻访……沿途数百家皮件厂、制鞋厂几乎走了一遍，仍然一码皮革也没有推销出去，但郜勇夫仍坚持着。他这样问自己：你还能站立吗？回答是：能。你还能行走吗？回答是：能。你还能喘息吗？回答是：能！能！太能了！那么就走下去！

这最后一次的自费出差又失败了，这是郜勇夫推销生涯中最惨烈最悲壮的一次失败。郜勇夫只好选择跳槽。当郜勇夫半年后回到皮革厂找老总办理调转手续时，他忐忑不安地叩开老总办公室的门，觉得自己是个逃兵，无颜面对昔日的老总。但意想不到的是，老总见了郜勇夫后，目光中不但看不见一丝一毫的蔑视，而且对他充满敬意，又是握手又是拍他的肩膀，热情得令郜勇夫难以承受。

老总告诉郜勇夫："你走后这半年，不断地有福建、浙江的皮革商来厂里找你买皮革。有一位皮革商背着100万元的现金来厂里进货，他拿着你的一摞名片给我数——你看你们厂的郜勇夫，每次来都给留下一张名片，一张、两张、三张……一共数了23张！他被你的精神震撼了，觉得不买你郜勇夫推销的皮革他一生都不得安宁。"

这就是坚持的力量，坚持能让一个人的人生出现转机，这并不是奇迹，只是对你付出努力的应有回报。而那些爱找借口并放弃坚持努力的推销员，是永远不会获得这些回报的。在他们的人生中，只有对他人成功的无尽羡慕和对每一次失败的无限懊悔。与其这样不如勇敢坚定一些，因为没有一个人的成功是唾手可得的。时刻告诉自己，只要坚持就会有转机，你的人生也会因此而呈现不同的色彩！不信？你试一试吧！

**推销秘籍** 成功的推销员是屡败屡战的，他们不相信失败，在推销这条路上，他们知道从来不会缺少的就是拒绝，但在他们的字典里是没有失败和拒绝的，有的只是暂时尚未成交。

## ◆ 认识自己，成功的第一步

老子的《道德经》中有这样一句话："知人者智，自知者明。"高明的推销员都具备"自知"的能力，这种能力来自于对自我的理性审视和全面把握。他们通过观察周围的事物来衡量自身的优势和劣势。他们知道自己能干什么，不能干什么，该干什么，不该干什么。身为一名推销员，具备这种自我认知的能力很重要。对自己的情况有一个充分的认识，这是做好本职工作的前提，也是"打铁先得自身硬"的道理所在。

"认识自己"这四个字是2400年前希腊大哲学家苏格拉底的一句名言。这句话包含了无穷的真理，假如推销员能领悟这句话的真谛，并且好好实践的话，一生必将受益无穷。

日本有一位著名的推销员叫原一平，他在27岁时进入日本明治保险公司开始了他的推销生涯。当时，他穷得连午餐都吃不起，并露宿公园。这位落魄的推销员由于一位老和尚的一席话而改变了一生。

有一天，原一平向一位老和尚推销保险，他详细地说明之后，老和尚平静地说："你的介绍，丝毫没有让我有投保的意愿。"

老和尚注视原一平良久，接着说："人与人之间，像这样相对而坐的时候，一定要具备一种强烈吸引对方的魅力，如果你做不到这一点，将来就没有什么前途可言了。"

原一平哑口无言，冷汗直流。

老和尚又说："年轻人，先努力改造自己吧！"

"改造自己？"

"是的，要改造自己必须先认识自己，你知不知道自己是一个什么样的人呢？"老和尚接着说："你在替别人考虑保险之前，必须先考虑自己，认识自己。"

"考虑自己？认识自己？"

“是的，赤裸裸地注视自己，毫无保留地彻底反省，然后才能认识自己。”

老和尚的一席话，就像当头棒喝，一棒把原一平打醒了。从此他努力认识自己，大彻大悟，终成一代推销大师。

认识自己，看起来简单，其实相当困难，必须经由自我剖析与别人批评的过程之后，才能够逐步认识自己。

对大多数人而言，向自己坦白短处或向别人承认过错，都是非常难堪的事。因此，许多人总是纵容自己，一旦发现错误便找借口原谅自己，得过且过。只有少数深知从自我剖析之中可获得丰硕成果的人，才甘愿领受此种痛苦。他们明白，只有从自我剖析中，才能看清自己的优缺点，才能肯定自我，发挥所长。

日本近代有两位一流的剑客，一位是宫本五藏，另一位是柳生宗矩。宫本是柳生的师父。

当年，柳生拜师学艺时问宫本：“师父，根据我的资质，要练多久才能成为一流的剑客呢？”

宫本答道：“最少也要 10 年吧！”

柳生说：“10 年太久了，假如我加倍努力地苦练，多久可以成为一流的剑客呢？”

宫本答道：“那就要 20 年了。”

柳生一脸狐疑，又问：“如果我晚上不睡觉，夜以继日地苦练，多久可以成为一流剑客呢？”

宫本答道：“你晚上不睡觉练剑，必死无疑，不可能成为一流的剑客。”

柳生颇感惊讶，他说：“师父，这太矛盾了，为什么我越努力练剑，成为一流剑客的时间反而越长呢？”

宫本答道：“要当一流剑客的先决条件，就是必须永远保留一只眼睛注视自己，不断地反省。现在你两只眼睛都看着一流剑客的招牌，哪里还有眼睛注视自己呢？”

柳生听了，满头大汗，当场开悟，终成一代名剑客。

同样，要当一流的推销员，光是学习推销技巧还不够，还必须永远留一只眼睛注视自己，不断地反省。

人是一种有盲点的动物，往往只看见别人的过失，却看不见自己的错误。

举个例子来说明，有一个学生问老师："您在我的作文本上所批的字，学生愚昧，实在看不出写的是什么？请老师明示。"老师说："我只是告诉你，你的字太潦草了，以后要写端正。"

老师只看见学生的过失(写字潦草)，没想到自己也犯了同样的错误(写字潦草)。基于此，他人的批评也就显得非常必要与珍贵。

"他人"可以包括配偶、同事、同学、好友、父母亲、兄弟姐妹等这些最了解你的人。借着他人的批评，才能更客观、更深入地认识自己。因为自己眼中的"我"与他人眼中的"我"有很大的差距。要认识自己并非易事，必须透过他人眼中的"我"，借助他人的批评找出自己的错误，自己才能在认知、反省、改正的过程中，逐步认识自己。我们知道自己的长处，并发挥自己的长处，才会因为工作上的表现，提高自信心，肯定自己，获得别人的尊重。

根据心理学家的统计，人类所使用的能力大约仅占其全部能力的2%。换言之，还有98%的能力尚未使用，人类的长处几乎都还没有被开发。

如何开发自己的长处，可借由前述"自我剖析"知道自己的优缺点，也可透过"他人的批评"获悉自己的长短处。两者都是知道长处的好方法。

**推销秘籍**　认识自己的目的就在于取长补短，趋利避害。只有把自己读懂了，了解透彻了，你才能更好地了解世界，更准确地理解推销。

## ◆ 主宰自己，成功推销

在一个人的一生中，自己才是命运的主宰者。每个人都可以通过了解自己的能力及潜质并加以运用，来开创自己成功的人生。

一则寓言故事讲到：过去同一座山上，有块两相同的石头，三年后发生了截然不同的变化。一块石头受到很多人的敬仰，而另一块却受到别人的唾骂。这块石头极不平衡地说道："老兄呀！曾经在三年前我们同为一座山上的石头，今天产生这么大的差距，我心里很痛苦。"另一块石头答道："老兄，你还记得吗？三年前来了一个雕刻家，你害怕割在身上一刀刀的痛，你告诉他只要把你简单雕刻一下就可以了，而我那时想象未来的模样，不在乎割在身上的痛，所以产生了今天的不同。"

推销的过程就是创业的过程，因此，每名推销员都是在为自己工作。作为推销员，你可以选择自己的客户，可以选择工作的时间、地点，可以选择工作的方式……总之，一切都是很自由的，你就是自己的老板。只有把自己当成了自己的主宰者，你才会对自己的人生、对自己的工作、对自己的未来负责并为之付出努力，这也即是销售成功与否的临界点。

信心实际上就是一种积极的态度，帮助你达成自己的目标。

山姆·摩尔的"圣经事业"，最开始的时候就像是一场赌注。他很有理财的天分，大学毕业之后有很多不错的机遇摆在他面前，包括知名的银行、通用电器和西屋电器的招聘，但他为了开创自己的事业都毫不犹豫地放弃了。

摩尔虽有黎巴嫩血统，但他很喜欢美国，希望自己可以在美国寻找到发展的机会。他用自己的1000美元再加上向别人借的1000美元作为资金，从1958年至今，已经拥有了全世界最大的家庭圣经出版公司，并发行了宗教性的励志书籍、字典、见证及礼拜用品。他的公司在10年内资产增加了

数百万美元，5 年后股东多达数百人。

摩尔善于运用自己及他人的能力，对自己及自己的事业有信心，正是这样良好的心态才让他拥有了巨大的成功，完成了自己的梦想。

有一句古老的推销格言说："一项成功的推销要使你的推销对象对你、对你的公司和你的产品树立起一定的信心。"

将自己视作自己的主宰者，正是一种销售达成成功所必须具备的自信心态，是一种积极向上、不畏挫折的人生态度。每一名在销售中取得成绩的推销员，都需要时刻为自己树立这种必胜的信心，这些信心会支持你的事业，促成你销售工作的成功。

弗兰克刚刚开始推销汤姆·杰姆斯的产品时，时常要去家里或办公室拜访那些身处一定职位的人，向他们推销男士高级职业套装。他在面对客户时经常有这样的表达："先生，我到这儿是想成为您的服装商。我知道，如果您从我这儿买服装的话，您肯定是因为信任我、我的公司和我的产品的。我希望您能对我有信心，所以我想先向您简单地自我介绍一下。"

"我从事这项工作的时间不短了，我学的是服装缝纫，学过时装设计，也学过纺织品。我相信自己不会比别人差，尤其是在帮助您挑选适合您的服装时，不会比别人逊色的。"

"我们的公司开业已经 28 年了。我们拥有自己的商店。自从开业以来，公司以每年 20%的速度在扩展，70% ~ 80%的销售额都来自回头客。我们愿意为客户提供所需要的各式服装，而且愿意成为本行业的佼佼者。现在我们是否最好，就取决于您和其他客户的判断了。我保证，一旦您相信我的话，就会发现我们确实是最棒的。"

"我公司生产套装、运动衣、长裤、衬衫、轻便大衣和家居服装等，只要是您需要的，我们都能生产。我们可以生产您喜欢的最好的西服，而且所有服装都出自于我们自己的店堂。您不可能从别人那里买到像我们这样的，并且付出像我们这样公道的价格。当然，您可以买更昂贵的服装，也可以买更廉价的服装，但是您付出同样的价格从我公司购买时，您会得到更棒的产品。在可比的价格范围内，我们尽量做到优质，这也正是本公司最具竞争实力的优势。”

“先生，您认为如何？”

有一次，亚特兰大吧业协会总公司总裁本·温伯格在接受弗兰克第一次拜访时，听了弗兰克例行的推销演示后，没过多久便对弗兰克说：“行，为我挑两套吧。”当弗兰克把服装给他时，温伯格试穿了一件后说：“不错，我喜欢您所做的，也喜欢这套西服。以后每个季节，我希望你能到我的办公室来，给我送两套你认为我可能会喜欢的服装来。但希望你进出的时间不超过 5 分钟，因为我没有时间来买衣服。”

弗兰克就是用自己的这种自信来感染客户，使那些犹豫不决、没有时间的客户由对他本人的信任转而对产品及公司的信任，销售的成功也就变得十分简单。因此，推销产品的过程正是推销自己的过程。

而那些并不自信的销售人员则会很消极地看待自己，他们只会把自己看成是受雇人员或经济体系下的牺牲品。一般情况下，他们很少会花费精力去提升自己、投资自己，也不会主动去了解客户，收集相关的信息。他们只是被动地等待公司花时间和金钱来训练他们成为更好的推销员，等待客户主动上门找他们签单。他们并不了解的是，他们事实上是在为自己工作，是在经营自己的未来。因此，作为这样的销售人员也自然不会担当起更艰巨的使命，也不会得到最终的成功。

**推销秘籍** 一个优秀的销售员，都明白自己的人生掌握在自己的手中，并用这种自信去影响客户从而赢得他们的信任与支持。

## ◆ 销售是勇敢者的职业

销售是最自由的职业，它的自由主要表现在时间上。没有人规定你上下班的时间，没有人规定你今天必须去推销。

销售是勇敢者才能从事的职业。从事销售活动的人，可以说是与“拒绝”打交道的人。在现实生活中，不会有客户见到你上门来推销商品时，笑容可掬地出门相迎：“欢迎、欢迎，您来得正好！真是雪中送炭！”随后便掏腰包成交。果真如此，就用不着销售员了。你从举手敲门、客户开门、与客户的应对进退，一直到成交、告退，每关都是荆棘丛生，没有平坦之路可走。

乔·吉拉德把销售喻为战争，并引用一位在战争中失去一条腿的军官的话来描述“看不见的敌人”的可怕：“最恐怖的是眼睛看不见的敌人。与眼睛看得见的敌人作战，心中多少有些充实感；但在密林中作战，看不见敌人，冲进去却没有抵抗，时间 5 分钟、10 分钟地过去，静谧中可怕至极。恐怖成了我心中的敌人……”

你也有两大敌人：看得见的敌人（竞争对手），和看不见的敌人（你自己）。

你在面对日复一日的拒绝时，如果没有顽强的斗志和必胜的信念，免不了会产生“受不了啦！我再也受不了啦！我不想再干啦！”的逃避思想，这就是心中看不见的敌人之一。要想战胜这种看不见的敌人，除了你自己给自己鼓气外，别无良策。

丰田公司极其重视销售员的自我管理教育。在自己管理自己的方法上，如对工作的认识、建立价值观念、养成计划性、培养实践能力、妥善安排时间、不间断地学习、注意健康、克服工作上萎靡不振的情绪，以及如何全神贯注地工作等等有关方面的教育，公司都抓得很紧。有一篇文章反映了丰田公司销售员自我管理的真实情况，文中写道：

“我认为所谓的自我管理，首先就是苛求自己。我把一个星期的工作计划分为上午和下午两部分，把要走访的地方分为6等分。星期一走访葛饰区立石路的1号到100号街，星期二走访第101号至200号街，星期三……这样一个星期结束以后，就转完了我所负责的整个地段。我把这种做法一直作为绝对的、至高无上的命令来执行。所谓硬闯和推销管理工作，都安排在每天下午去搞。上午专搞接洽生意或类似接洽生意的工作，从下午4点起，搞交谈、修车等工作。我的工作计划大体上就是如此，并坚决执行——这就是我的销售计划，也就是自己管自己。

“参加工作的第一年，往往都是我一个人在街道上转来转去，觉得非常难受而又寂寞，有时也深感销售工作真叫痛苦。可是，每逢这时，我就勉励自己说，自己痛苦的时候别人也痛苦。说老实话，我想如果销售工作是一帆风顺的，也就无所谓自己管理自己了。自己管自己这个问题之所以受到重视，是因为任何人都不能随心所欲地去做事情，因为今天一去不返，人们才要求这么严格。我也经常有精神不振的时候，遇到这种情况，就一定在星期天去登山。当我一步一步克服了前进的困难而登到山巅时，那种激动的心情简直就和接受订货、交出汽车时的激动心情完全一样。”

所以说，销售员没有所谓的先天资质，销售员要靠自己去创造、塑造。最重要的必备条件就是，你要有高昂的工作士气。工作士气高昂的销售员比工作士气低落的销售员，能发挥出数倍的效率。

人体内隐藏着巨大的潜能，如果掌握了正确的运用方法，就会产生令任何人都大吃一惊的成绩。

某小印刷公司推行扩大销售计划，每6个月雇用一名销售员。新雇用的销售员必须先在办公室学习商品知识和谈判方法，然后跟着销售教练到现场学习，最后才能得到该公司经理接见的机会。当经理对他讲一些带有鼓励性的话时，他就等于领到了“销售术的毕业证书”。

有一年，该公司雇用了一个不成熟而且缺乏信心的年轻销售员，这位

销售员在经过前两个阶段的学习后，对自己能否胜任工作一点把握也没有。他甚至担心经理不发给他“毕业证书”呢。

可是，那位经理在对他讲了“你能干好”之类的鼓励性的话后，说道：“喂，你听着，我要把我想要做的事告诉你，我打算让你到大街对面的‘绝对可靠的预计客户’的住处去推销。以往我也总是把新来的销售员派到那里去推销。理由很简单，因为那个老头是个买主，什么时候都买我们的东西。但是，我要预先警告你，他是一个厚脸皮、令人讨厌、爱吵嘴而且满口粗话的人。你如果去见他，他肯定会对你大吼大叫，仿佛要把你吃掉似的。不过，你要放心，他只是叫嚷一阵而已，实际上他是不会吃你的。所以无论他说什么，你都不要介意。

“作为我来说，希望你默不做声地听着，然后说：‘是的，先生，我明白了。我带来了本市最好的印刷业务的商谈说明，我想这个说明对你来说，也一定是想要得到的东西。’总而言之，他说什么都没关系，你要坚持你的立场，然后反过来讲你要说的话。可不要忘记啊，他在什么时候，都会向我们的销售员订货的。”

这位被打足了气的年轻销售员冲到了大街对面的屋里，报了自己公司的名字。在头 5 分钟里，他没有机会讲上一句话。因为那老头儿不停地给他讲一些无关紧要的事情，一会儿教他某种菜的吃法，一会儿又教他一些莫名其妙的英语词汇。好在这位销售员事先得到过警告，他耐心地等待暴风雨过去。最后他说：“是的，先生，我明白了。那么，这是本市最好的印刷业务的商谈说明，这样的商谈说明，当然是您想要得到的东西。”这样一进一退的进攻和防御大约持续了半个小时。半小时后，那个年轻的销售员终于得到了该印刷公司从未有过的最多的订货。

当他喜滋滋地把订单交给经理时，他说：“您说的关于那位老人的话没错。他是一个厚脸皮、令人讨厌、爱吵嘴、满口粗话的人。可是我要对那位可爱的老人说点稍微不同的话：他真是个买主！这是我在公司任职以来获得的最大的一批订货。”

经理看了一下订单，满脸惊讶地说：“喂，你搞错人了吧？那个老头，在我们遇到的对手中，是最吝啬、最讨厌、最好吵架，而且是最爱说粗话的人！我们这十五年来总想让他买点儿什么东西，可是那个老头连1元钱的东西也没有买。总之，他从来没从我们这儿买过一件东西。”

那么，是什么使这位“新手”获得了这种成功呢？很显然，是经理的话让他鼓足了勇气、充满了信心。

只要你全力以赴地去推销，就一定能达到目标。要有无论如何也要成功的坚定信念。唯有如此，你才会想尽一切办法去与客户接触，说服客户购买自己的商品。

**推销秘籍** “勇敢减轻了命运的打击”，这是古希腊哲学家德莫克利特的名言。对一个销售员来说，会常常因为不勇敢而遇到许多的销售打击，也一次次地错过了很多的销售机会。仁者无敌，智者无惑，勇者无畏。如果销售员能做到勇敢地销售，那一定能成为一位优秀的销售尖兵。

## ◆ 时刻让客户保持信任感

由于生存和竞争压力的影响，许多推销人员普遍存在着“重营销、轻售后服务”的经营观念，在这种观念的主导下，销售人员大多想的是怎样才能更快、更多地将产品推向市场。为了这个目标，许多销售人员在明知产品没有质量保证的时候就开始对外销售，于是客户对产品就产生了种种的不满，从而对产品、推销员甚至公司产生不信任感。

而销售人员在销售指标的压力下，为了尽快签单，有时也会出现不负责任地进行承诺。这无疑使客户对产品的信任度提出了质疑。

面对如此尴尬的局势，要想让客户在成交后依然保持对企业、对销售人员、对产品的信任，需要从多方面入手，否则处理不当，会给销售人员及其所售产品带来很大的负面影响。

乔·吉拉德告诉我们，销售人员要将“质量就是生命”“质量第一”等经营理念作为行为准则。同时，销售人员一定要对产品的经营活动有一个整体的、系统性的思考，对产品质量重点把握，不能“头痛医头、脚痛医脚”，遇到问题了再针对问题而采取简单的应对措施。

例如，在竞争对手使用价格攻势时，销售人员要全面地分析对手发动价格攻势的支持基础，比较双方在成本、产品功效、品牌形象等各方面的异同，全面了解和分析客户对此类产品的认知、态度以及对不同品牌产品的价格阀限，合理地制订应对策略。销售人员绝不能盲目地降价应战，更不能为了降低成本而采取牺牲产品质量的做法，这样做会给未来发展留下很大的隐患，不仅使客户的重复购买率降低，还会在社会上形成负面的影响！

销售人员应在“以客户为中心”的理念指导下制订售后政策，对售后服务部门进行周期性、针对性的培训与辅导，帮助售后服务人员提高服务技能和端正服务态度，通过他们完美的服务，使客户依然保持信任。那推销员怎样做才能让让客户时刻保持信任感呢？

第一、诚实。

作为销售人员，在与第一次打交道的客户交往时，往往可以发现，客户往往不会一接触就对你产生信任。在信任产生前，你所说的一切，客户会抱着半信半疑的态度对待之。在此情况下，我们首先要做的就是诚实。真诚待己，真诚待人是对我们最基本的要求。要开诚布公地与客户交谈，不要令对方对你谈话的真实含义有所怀疑。同时，真实地展现软件各部分的各种功能，不能有半点虚假和欺骗。绝不能夸大其词，承诺一定要兑现。以真诚的态度对待客户，让客户感觉到你是一个诚实的人，是取得信任的关键。

第二、行为。

与客户在电话中沟通，请保持良好的坐姿，面带微笑，语气柔和而坚定，最好是想象客户就坐在你对面在和你谈话。不要以为客户在电话那一边看不到你的姿势和面容，客户可以“听”出来。如果是和客户面谈，要注意同客户的目光接触，注意语气、语调和语速。需要特别提出的是，一定要注意掌握谈话中的停顿，这不但有利于你组织语言，还可帮助你让对方参与到你的谈话当中。人都是感情动物，会受到感情和情绪的影响，通过与客户建立感情来施加影响，无疑比一般的说教更为有效。在拉近与客户的距离方面，握手也是不错的一种方法，与客户产生身体上的接触，无疑更能让客户放松下来。

第三、专业。

无论是技术人员还是销售人员，要取得客户的信任，就应该拥有足够的专业素养。没有人喜欢和什么都不懂的人谈话。特别是对于销售人员，和客户打交道的时候，更应该表现出自己的专业性来。这里不仅仅指的是对自己产品的了解，而且应该对行业、业务流程、客户的实际情况了如指掌。每个人都会只对自己有用的信息感兴趣。客户关心的是我们能够给他们带来什么样的好处，给他们带来什么样的利益。而这些，只有我们对客户的业务有了深入的了解，才能有的放矢。

第四、为客户着想。

如果你能给客户带来效益，客户就会敞开大门来欢迎你，帮助客户成功，也就会让我们自己成功。不用多谈什么大道理，用实际的例子来说话。真心实意地对待客户，客户自然以会真心实意地对待你。要站在客户的角度考虑问题，善于把握客户心理，做到换位思考。

第五、坚持原则。

任何时候，不要放弃公司的原则。君子当有所为有所不为。灵活的态度，加上坚定的原则，才能让客户信服。无原则的让步，只会让客户感觉

到混乱，反而会失去信任。

常言道："金无足赤，人无完人"。要保证客户在产品的使用中百分之百地不出现问题是不可能的，但出了问题，销售人员的态度、服务的及时性、服务的效果等都将决定客户购买产品后对企业的评价。

著名的海尔集团正是售后服务的标兵。海尔集团的工程师接到上门服务的任务后，要对用户信息进行分析，对客户家的产品问题进行大致评估，在确定问题并找到解决方案后，会立即电话联系用户，确认上门维修的时间、地点、产品型号、购买日期、故障现象等。在做好这一切准备工作后，海尔的专业维修人员就会准备好各种服务工具去用户家中上门维修。如果在途中遇到塞车等特殊原因不能及时到达，他们会立即打电话向用户说明原因，以取得客户的谅解。在正式服务前，服务工程师要检查自己的仪容仪表，礼貌地敲门，用户开门后他会先拿出提前预备好的鞋套套上，力求不损害海尔的品牌形象。走进用户家，服务工程师要先耐心听取用户的意见，对产品做出进一步的故障诊断，然后再进行维修。维修结束后，如果有必要另行收费，则需出示收费标准和服务政策，并开具收据证明。最后，服务工程师还需征询用户意见，填写记录单，向客户赠送小礼品及服务名片，为后续回访与信息服务做准备。海尔正是通过完善的售后服务，在当时产品质量、性能、品牌知名度都不占优势的情况下，赢得了消费者一致的赞誉，建立起良好品牌形象，一举成为中国家电行业的第一品牌。

总之，售后服务要做好，才能在成交后让客户依然保持信任。

**推销秘籍**　时刻让客户保持信任感，是推销员在推销过程中更快、更多地将产品推向市场的必备法宝。

# 第二章　信念筑就你的成功

信念是一种信心后的勇气，是我们战胜一切困难的力量源泉。“排除万难，永不言弃”赖于钢铁一般的意志。中国，作为负责任的大国，越来越学会以宽容迎接挑剔、以独立迎接压力，以非凡的信心和勇气，迎接发展道路上的一切困难。如今，灾难、危机、困苦，固然令我们痛苦，令我们沉默，但我们还有许多事情要做，就让我们从伸出手自救做起，愚蠢的人才会在别人的猜测中摇摆，轻视中哭泣，我们只信众志成城，我们只信“自助者，天助之”。

## ◆ 选择推销就要融入于推销

乔·吉拉德曾经对推销做过两个字的评价——专注。即推销员身上要有专注精神，这种专注首先是一种态度。作为一名推销员，就应该专注地做好推销中的每一件事、每一个细节。不管外界如何评价，你都要别无选择地回答：因为我是一名推销员！我必须为之付出，为之专注！

推销作为一种职业，很长时间都不被大众所认可，推销员是一个最容易被人误解甚至看轻的职业。但在今天，推销员已逐渐为大众所接受。

然而，世界各地有许多推销员，至今仍羞于承认他们的职业，而使用各种头衔来掩饰“推销员”的身份，如代表、顾问、中介、助理、行销专家、经理人、传销商、业务执行、经纪人等。他们一直不愿公开承认自己就是推销员！

事实上，推销员这一工作既能给自己带来不菲的收入，又能给他人带来好处。不要害羞，大胆地承认我们的职业！告诉身边所有的人，这项职业其实给了我们一个帮助他人的好机会。医生治好病人的病，律师帮人排忧解难，而身为推销员的我们，则为世人带来舒适、幸福的服务。

通常，成功的推销员都对自己的成就感到满意。大多数成功的推销员为人处世也很成功。他们乐于听取朋友的意见和忠告，其自身满怀的自信也帮助他们克服了许多困难。

有些人由于爱面子，不愿正面承认或谈论自己的失败，但优秀的推销员总会承认错误，并继续面带微笑地回到工作中去，随时准备战斗。成功的推销员极少抱怨，更别说因为工作伤心哭泣了，他们既自信又自尊。

大多数成功而自重的人，并不会自吹自擂自己有哪些特质，不过他们会欣然地告诉你，他们是如何一次又一次搭上成功列车的。

就像杰出的运动员一样，推销员都是斗士，必须有决心要赢。他们乐于因胜利而为人称颂，喜欢一遍又一遍地数着成功的果实。

建议你找到一个可以作为榜样的成功推销员，这个典范可以帮助你提升自己，并抗拒家人、亲友对你加入推销行业的不满和阻力。试着和这个行业的名人打交道，你会发现，他们对自我和成就的“骄傲”，一如前面的描述。跟随他们，学习他们，要做得和他们一样好。

当你做成一笔生意时，感觉多么舒畅啊！如果你对自己很满意，千万不要羞于承认。告诉全世界的人，你为自己的胜利感到骄傲。

在美国54种职业中，推销员的政治地位排在第11位，和教授、医生、企业家等量齐观，前后依次排列。从经济收入来看，推销员的收入排在第6位，平均每位推销员年薪超过20万美元。每年都有成千上万的人投入推销行列。每年都有许多优秀推销员晋升为高层管理者。在美国，曾经以“你希望和从事什么职业的人结婚”为题，征询适龄女性的意见，结果荣登榜首的就是推销员。由此可见，专业推销员不仅是备受敬重的工作，也是当今最时髦、最受欢迎的职业。

在日本，每年都要举行优秀推销员的业绩比赛，优胜者有资格加入“百万美元俱乐部”或“绩优俱乐部”。得大奖的超级推销员会名扬四海，荣誉备至。被称为“推销之神”的日本明治保险公司推销员原一平，曾荣获日本政府颁发的“四等旭日小绶勋章”，而当时的日本首相福田赳夫只得到了“五等旭日小绶勋章”。

原一平能取得如此的成就，这本身就是对“专注”这个词最好的证明。

原一平是日本当代寿险业的泰斗、亿万富翁，日本国家最高荣誉“旭日小绶勋章”获得者，被日本称为“推销之神”“世界最伟大的推销员”，其著作《推销员之道》风靡全球，发行量多年居同类书之首。

人们对原一平的关注，不仅是因为他的富有，他在事业上辉煌的成就，更看重他那富有传奇色彩的一生：他也曾遇到厄运，却又有着不同寻常的勇气、毅力和智慧，因此他又是非凡的、超常的。

控制日本的十大财阀之一——原一平，身高仅1.45米，其貌不扬。幼时顽劣异常，被乡里称为无可救药的“小太保”。叛逆顽劣的性格令他恶名远扬，他无法在家待下去，只好离开家乡去外面闯荡。23岁，他来到东京。27岁，他进入明治保险公司做一名“见习推销员”(连办公桌都是自备的)。他穷得连午餐都吃不起，没钱搭电车，只能走路上班，甚至晚上露宿公园……然而在他的内心，时刻燃着一把“永不服输”的火炬，鼓舞着他愈挫愈勇的斗志。36岁时，他终于夺得全日本保险业绩的冠军。之后，他一直埋头于推销业，终于创下了世界推销业最高记录20年未被打破的奇迹。他的年收入达到数百万日元，最终成为亿万富翁，更被誉为日本乃至全世界的“推销之神”！

正所谓360行，行行出状元，选择了推销就选择了一个辉煌的人生。只要专注于推销，你就迈出了成功的第一步。

**推销秘籍** 很多人害怕做销售，原因其实很复杂，除了自己的不自信，更是因为社会舆论导致。其实销售是一个伟大的职业，能够帮助消费者更好地选择购买的方向。尤其是一些高端的产品，销售的定位其实就是顾问和咨询师，卖出产品只是一个过程，而让消费者了解产品做好消费者和商家之间的桥梁才是销售的工作之重。

## ◆ 绝不轻言放弃自己的目标

推销工作经常要和陌生人打交道，而人的天性是对陌生人大都有一种排斥心理，甚至有些人以“不要和陌生人说话”为戒条。在这样的背景之下，被人拒绝肯定是难免的。重要的是你面对拒绝时的态度，是放弃还是

不达目的誓不罢休？看看乔·吉拉德是怎么做的。

有一天，乔·吉拉德的业务顾问把他介绍给某公司的总经理。乔·吉拉德带着顾问给他的介绍函，欣然前往。

可是，无论乔·吉拉德什么时候去总经理住处拜访，总经理不是没回来就是刚出去。每次开门的都是一个像是管家的老者。

老者总是冷淡地说："总经理不在家，请你改天再来吧！"

"你们总经理是个大忙人，请问他每天早上什么时候出门上班呢？"

"忽早忽晚，我也弄不清楚。"

不管乔·吉拉德用什么旁敲侧击的方法，都无法从那位老人口中打听出任何消息。他心想："真是一位守口如瓶的怪老头。"

就这样，在三年零八个月的时间里，乔·吉拉德前前后后一共拜访了该总经理 70 次，每次都扑空了。

乔·吉拉德很不甘心，只要能见到那位总经理一面，纵使他当面大叫"我不需要保险"，也比像这样连一次面都没见到要好受些。

刚好有一天，一位业务顾问把乔·吉拉德介绍给附近的酒批发商拉姆。

乔·吉拉德在访问拉姆时，顺便请教他："请问住在您对面那幢房子的总经理，究竟长得什么模样呢？我在三年零八个月里，一共拜访他 70 次，却从未碰过一次面。"

"什么？你实在太粗心大意了。喏！那边正在掏水沟的老者，就是你要找的总经理。"

"什么？"

乔·吉拉德大吃一惊，因为拉姆所指的人，正是那个每次对他说"总经理不在家，请你改天再来"的老者。

乔·吉拉德双手环抱胸前，静静地等他掏完水沟，心想："气死人，原来一直守口如瓶的怪老头，就是我要拜访的总经理，我真是有眼无珠！我还有资格当推销员吗？真羞死人啦！"

掏水沟的工作还在进行。他点燃香烟，深深吸了几口气，心中那股怒气逐渐平息下来。

现在是两个人比耐性的时刻，谁沉得住气，谁能坚持得久一点，谁就可以赢得最后的胜利。

乔·吉拉德很有耐性地点燃第二根香烟，并观察那位老人：瘦巴巴的身子配上一副顽固的脸，他一定是位相当固执的人。像他这样的人。一旦开始一件事之后，一定是不到满意绝不罢手，所以，纵然现在下雨了，他也不可能停止工作吧！

一直到了乔·吉拉德抽完第二根烟，老者才直起腰，打了个哈欠，收起那根长竹竿，从后门走了进去。

乔·吉拉德吸了两口气，发现自己激动的情绪已经平稳下来。于是走上前去，轻轻敲他家的前门。

“请问有人在吗？”

“什么事啊？”

应声开门的仍是那位老者，脸上一副不屑一顾的样子，就好像在说：“你怎么又来了？”

乔·吉拉德倒是平静地说：“你好！承蒙您一再地关照，我是汽车公司的乔·吉拉德，请问总经理在家吗？”

“唔！总经理吗？很不巧，他今天一大早去女儿家了。”

老人家神色自若地又说了一次谎。

“哼！你自己就是总经理，为什么要欺骗我呢？我已经来了71次了，难道你不知道我来访问的目的吗？”

“谁不知道你是卖汽车的！”老者撇撇嘴。

“真是活见鬼了！向你这种一只脚已经踏进棺材的人推销汽车的话，会有今天的乔·吉拉德吗？再说，我们公司若是有你这么瘦弱的客户，岂能有今天的规模。”

“好小子！你敢说我没资格买车，如果我能买车的话，你要怎么办？”老人的火气也上来了。

事情愈演愈烈，乔·吉拉德发觉自己已经不是在推销汽车，而是在争吵了。既然已经骑虎难下，他决定坚持到底。

“你一定没资格买车。”

“你立刻带我去体检，要是我有资格买车的话，我看你的卖车饭也就别再吃啦！”

“哼！单为你一人我不干。如果你全公司与全家人都买车的话，我就打赌。”

“行！就这么办，你快去带我去看车来。”

“既然说定了，我立刻去安排。”争论到此告一段落。

数日后，乔·吉拉德成功地卖出多辆汽车。

为了拜访一个人，竟然可以坚持三年零八个月，这种精神似乎要比事情的结果宝贵得多。乔·吉拉德“汽车大王”的美名果然名不虚传。

**推销秘籍** 在人生的道路上，失败是难以避免的。如果你坚信自己能够成功，那么你就不会畏惧失败。如果你有害怕失败的心态，那你注定是会失败的。如果你有坚信的信念，在你遇到意想不到的困难时，就能坚信目标不轻言放弃。看看那些出类拔萃的伟人，他们之所以取得成功，不是因为他们智力超群，而是因为有超强的意志力。

## ◆ 永远保持对细节重视

有句话叫作细节决定成败。作为一名推销员，在初次拜访客户时，因为大家都不了解，客户往往会从一些微不足道的细节上来认识和考察你，这时，在某一个小细节上的失误就有可能让你的计划满盘皆输。

首先，在穿着和举止这种小问题上一定不要让客户对你产生厌恶感。好的装扮，若能加上好的礼仪，将更能赢得客户的好印象。礼仪是对客户的尊重，客户也会尊重你。

在家里或在朋友聚会的场合，假设你不拘小节，谁也不会怪罪你；但若在公共场合，当然也包括与客户谈生意的场所，你的行为则必须合乎规范，也就是符合社会所要求的一般标准，大家所认同的礼节。否则的话，就会被认为是失礼，以致影响你正常的商务活动，想来很不合算。那么，需要注意哪些方面的问题呢?

（1）不整洁的服装有伤大雅

在你与客户交谈之前，一定要先对着镜子整理一下自己的服装：看看领带歪没歪，扣子扣没扣，鞋带系没系，裤子拉锁拉没拉上；看看衣领脏不脏，衣袖污没污，皮鞋擦没擦。这些都检查过了以后，没发现什么问题，你再抖擞精神去赴约。

（2）不文明的举止有损人格

在人类的社会活动中，有些举止是被认为不文明的，这很值得注意。不然的话，不仅有损你的人格，还会影响你的生意。因为，没有谁愿意跟一个人格低下的人打交道。因此，你要注意如下不良动作：

①在餐桌上剔牙不要乱吐。餐桌上，剔牙是难免的小动作，但难免并不意味着你可以不管不顾。剔牙时，牙齿应尽量不要外露，碎屑也不要乱吐。假如你要剔牙，礼貌、文雅的做法是：用左手掩住嘴，头略向侧偏，用餐巾接住吐出的碎屑。

②在社交场合不要搔头皮。头皮屑多，是生理现象，有时主观上难以控制。但在社交场合不搔头皮，还是应该能做到的。有人不注意这一点，头皮一痒，就乱搔一气，弄得头屑纷扬。这样做不仅失礼，也令他人不快。

③不要随地吐痰。随地吐痰是一种最让人不能容忍的恶习，但有的人

就是不在意，喉咙一痒，不论什么场合，都是口一张，痰就飞了出去。殊不知这一行为是非常让人讨厌的，也会影响你的生意。

④不要用“喂”喊客户。有的人平时见到他人，先来一声“喂”，这是很不礼貌的。文明的做法是以姓来称呼才对。如果你不知道对方的姓名，可称他(或她)为“先生”“朋友”“同志”，或视其年龄而称“大妈”“大姐”“大叔”“大哥”，千万别“喂、喂”地喊人。你这样一喊，就把客户给喊跑了。

（3）不文雅的形象有失风度

有时你的行为举止并非不文明，但却不文雅。不文雅的形象也足以使你的风度大减。因此，你要特别留意以下几点：

①不要当着客户打哈欠。

②不要当着客户抖动双腿。

③不要当着客户掏耳抠鼻。

④不要留长指甲且藏污垢。

⑤男性推销员不要留长发和长胡须。

实现整洁、文明、文雅的要求，更好地创造自我魅力，还要注意以下三点：

①要注意你的仪表打扮。

②要守约和准时。特别是准时，不早也不迟，正好是约定时间，次数一多，对方就会对你产生好感，产生信赖。

③要说好第一句话。这是产生良好“第一印象”的重要一步，往往开头的第一句话能决定推销员能否把产品推销出去。这是因为对方在听第一句话的时候比听第二句话和下面的一大堆话时要注意得多，认真得多。

大多数人的第一句话是礼貌语言，一句得体的礼貌语言可以把双方的距离大大拉近。当然，不用礼貌语言开始也同样可以获得好的效果，但必须牢记：开头几句话必须生动有力，不能拖泥带水，也不要支支吾吾，要用肯定的口气提问，最好能别出心裁，与众不同，与别人不同、与你过去不同、与对方期望的也不同。讲话时要目视对方，这样才能引起对方注意，产生好感，产生魅力。

（4）名片递出讲技巧

一张小小的名片可以成为推销员推销自我的手段，同时也是了解别人的一个窗口。所以，推销员不光在名片设计上要讲究，在递出名片时也要讲技巧。

与客户打交道，特别是第一次见到客户时，推销员必须主动以亲切的态度与客户打招呼，并报上公司的名称和推销员的姓名，然后面带微笑把名片递到客户手上。递送名片时，推销员应注意站立起来走到客户容易接到的距离再伸出手，名片应该倒过来，把自己的名字向着客户，使客户能清楚地念出自己的名字，而且推销员应该用双手将名片送出，以表示对客户的尊重。

假如推销员忽略了这一基本的礼节，只是一面说："我是……"一面将名片往旁边的桌上随便一放，其实这是一种很错误的做法。因为客户可能并未听清楚公司名称及推销员的名字，又来不及很快看到名片，因此，对推销员的印象也就不会太深。

在会谈的时候，对方出场人物的重要性是不同的，推销员如果只给主要人物名片而没有给次要人物，那么，没有得到名片的人会认为推销员轻视他，因而对推销员产生看法。他对推销员的怨恨不会只埋在心里，一有机会就要发泄出来，这对推销员的销售是很不利的。尽管被推销员忽略的人也许不能做决策，但他却可以利用职务上的便利影响决策，从而对推销员的商务活动产生负面影响。因此，推销员赠送名片的时候，如果名片够用的话，一定要每人一张。如果因为数量不够而无法人手一张时，推销员也一定要对无法得到名片的人表示歉意。

在推销员赠送完名片但还未收到别人的名片时，应主动向别人索取，这样就显得对别人很重视，对方也会对此感到满意。而且，有了别人的名

片，推销员就可以掌握约会的主动权。

以上这些看似琐碎，可是客户要根据这些来判断你这个人整体的精神面貌。所以客户面前无小事，也只有专注于小事的人，才有可能成就一番大事。

再说一件发生在乔·吉拉德身上的事。

有一次，刚入行不久的乔·吉拉德和一位资深的同事一起去拜访客户。在访问了一家百货商店之后，那位同事觉得很疲惫，乔·吉拉德决定自己单独前往，留那位同事在百货商店休息。

完成了剩下的几处访谈之后，乔·吉拉德也已累得东倒西歪，连步子都迈不稳了。那天碰巧又比较热，乔·吉拉德不由自主地放松了自己，帽子歪斜着，领带拉开，敞开了领口。他匆匆忙忙赶回那家百货商店和同事会合，推开玻璃门，一边喊一边走进去。在乔·吉拉德心里，和那家百货商店的老板已经是很熟了，便把应该有的礼貌、仪容全都抛在了一边。

没想到那位同事已经先走了，百货商店的老板见到乔·吉拉德那副模样大为不满，愤怒地说：

“早知道你们是这副模样，我压根儿不会买你们的汽车！我是信任你，没想到你们这些员工却是这么无礼、随便……”

一番话把乔·吉拉德骂醒了，他完全、没有料到自己一时的疏忽会带来这么严重的后果，损害了公司的信誉，没准还会使已经达成的协议前功尽弃，甚至还会影响附近其他的准客户。

想到这里，乔·吉拉德大汗淋漓，但他急中生智，立即跪倒在百货商店老板面前，伏地向他道歉。

这个动作实在有些夸张，把那个百货商店老板看愣了，但也总算最彻底地表达了乔·吉拉德的诚意。

虽然最后因为乔·吉拉德的反应机敏没有造成损失，但是这件事反映出的问题却值得每一个推销员深思。你只有像狼那样用专注、谨慎的精神来关注这些小事，才有可能避免此类问题的发生，切忌不要存有侥幸心理，不可能每个人都会像乔·吉拉德那样走运。

**推销秘籍** 一个人有优点就会有缺点，最主要的就是让合适的人去做合适的事，在合适的岗位上一个人会避开自己的缺点，而将优点发挥到极致。

## ◆ 自我激励，业绩最重要

人生需要自我激励和自我鼓励，人生需要自己给自己加油，这是一个人获得快乐、幸福、智慧和成功的法宝。不管您是从头到尾地仔细品味，还是依兴趣随心情地翻阅，都会随时得到精神的鼓舞和心灵的震撼，得到一份充实，一份宁静，一份鼓励，一份豁达，一份安慰，一份快乐，获得有助于开拓成功和幸福人生的知识、智慧和力量。

两个推销员傍晚在河堤上散步，其中一个问另一个刚进入销售行业的朋友："你今天做了多少生意呢？"

"我今天签了6份订单。"另一个人很兴奋地回答。

"那你今天遭到过多少次拒绝和挫折呀？"

"哪有时间去注意这些呀，我把注意力全部集中在我想要的业绩上了。我只想着今天要签回多少订单，做成多少生意。我才不去计较、不去在意那些阻碍我成功的障碍呢！"

的确，成功的推销员总是把注意力集中在自己想要的业绩上，而不是把注意力放在客户的拒绝和自己遭受的挫折上。他们的心态是积极的，他们会非常快乐地统计出自己每天做成了多少生意，而不是去计算今天遇到过多少次拒绝，遭到过多少人的白眼。成功从心态上开始，如果你的心态是消极的，成功将永远离你而去，任何会削弱你力量、信念、智慧的负面思维，都只能带来空虚和压力，而不能成就任何事。

作为推销新人的你想要的业绩是什么？是一天签出 10 份订单，还是忍受 100 次拒绝？如果你把注意力集中到你想要的业绩上，集中到你想签到 10 份订单上，你就不会害怕客户的拒绝，也不会去计较客户的拒绝。这种积极的心态，会让你保持旺盛的斗志和进取向上的精神，并能把自信、积极、热情的一面展现给你的客户，这种专注的精神会促使你获得自己想要的业绩。

如果你把注意力集中在挫折和失败上，集中到一天可能遭受 100 次拒绝上，你就会变得消极起来，害怕去拜访客户，而消极的人是达不到自己想要的业绩的。对于刚入此行的推销新人来说更是如此，因为你以前从来没有像现在这样时时处处遭人白眼，遭人拒绝，如果你把注意力集中于挫折而非业绩上，那你必将失败。其实，一个推销员是否成功，就在于他的心态如何，是积极的还是消极的。当某种困难出现在你面前时，如果你去关注那些困难，那你就会因此而消沉。但如果你把注意力放在如何排除困难上，你就会感觉到自己心中充满阳光，浑身充满力量。

伊藤，在日本推销界被称为“推销机器”。他刚从事这一行业时，似乎永不知道疲倦，每天早晨天空还亮着几颗晨星，他就已经出门拜访客户了，晚上经常工作到 12 点，除了投入比他人更长的时间外，他还骑车在市内、近郊挨户拜访，以提高拜访效率。在进入公司 11 天后，当月业绩结算时，伊藤以优异的成绩夺得新人奖，单位主管甚至不敢相信一名毫无经验的销售新人能在短短 11 天内创下如此惊人的业绩，还特地打电话给他的客户，确定一下契约是否属实。

严格说起来，伊藤既无专业知识又无推销经验，他只拥有一个信念——“我要成功！”他把所有的注意力都放在了追求业绩上，因为业绩就是成功。

作为一个毫无经验又缺乏推销技巧的新人，一定要选择好你专注的焦点。凡事要积极思考，将注意的焦点完全集中在你想要的业绩上，千万别放在你遭遇挫折和拒绝上。假如你矢志不渝地追求你的目标和成就，它们就会变成一种动力主导你的行动。假如你真的想要增长推销业绩，并把注意力集中于此，你就会发现其实自己正在向这一目标努力。你越是专注于你想要的东西，你就会越执着努力地去得到它。你对它们想得越多，你的成功就会更快地到来。

成功者就是那些不断追求销售业绩的人，而失败者总是把心思浪费在不想要的东西上面。结果，成功者能够得到越来越高的销售业绩，而失败者的收获却越来越少。

这种现象很容易使我们联想到在平日的销售工作中，许多推销员常常习惯于在头脑中为自己树立许多假想出来的敌人，从而为自己开脱，寻找逃避的理由，最终放弃本应实施的销售计划。长此以往，许多本来可以成功的机会就被他们白白地葬送了。对于这种人，我们可以说他们属于“自我设限型”。

这种类型的推销员，当他们总是暗示自己不是一个好业务员，自己不能把推销工作做得好时，实际上他们的潜意识也就会把自己变成自己所说的人，或者说在拜访客户时，这种类型的推销员也会因此受到限制，让客户一听就知道他们缺乏自信。这也是部分销售新人为什么缺乏自信，总是闯不过挫折这道坎儿的原因之一。

与“自我设限型”截然相反的是“自我激励型”。所谓自我激励，其实就是在遭遇挫折与困难的时候，自己给自己加油，自己给自己鼓劲儿，在精神和思想上给自己以强大的支持和鼓励，帮助自己渡过难关。通过不断地自我激励，你就会拥有一股强大的内在动力，会以十足的干劲儿朝着期望的目标奋斗，最终到达成功的顶峰。

提起拳王阿里，想必大家并不陌生。他在 1974 年夺得了第二次世界冠军。那次，他在赛前向新闻媒体放言：“我将在 5 秒之内把对手击倒，令他招架不住。”他说这句话究竟有何目的呢？

其实，他只是在自我推销而已。当他的对手听到这句话时，自信心便

开始有些动摇，并且不敢肯定自己。

比赛前当裁判解说规则时，阿里便瞪着他的对手，像是在告诉他："我要给你一点颜色瞧瞧。"这些都是阿里自我推销的一部分。

后来，在和利欧·史宾克比赛时，他没有做好正常的自我激励步骤，结果全世界的人都看到阿里被击败。他失败的原因在于没有很好地激励自己，他失败于未能再度肯定自己是第一号人物。当他第二次与史宾克对抗时，他没有忘记这一点，于是全世界的人又都看到他再度夺得世界重量级冠军的头衔。

阿里之所以能够取得成功，就是因为他懂得如何战胜自我，懂得用积极向上的心态激励自己，时刻掌握自己的命运。推销更是如此。当销售新人在面对挫折和失败时，自我激励可以让人充满希望，并能让人产生按照自己行为方式销售产品的欲望。

对于销售新人来说，自我激励是一种比口才更重要的素质：口才不好可能会让你丢掉某个客户，而不懂得如何激励自己则会让你的推销生涯提前终结。作为销售新人，最常遇到的不是客户的笑脸与鲜花，而是无穷无尽的挫折与挑战。所以，对于追求成功的销售新人来说，拥有强大的自我激励是如此重要——他们不再害怕压力，因为没有压力，就不会有辉煌的成就；他们不惧挫折，因为生命的乐趣就蕴含在挑战与冒险中。在销售生涯中，自我激励则是协助销售新人战胜挫折的助推剂。

卡尔·巴哈是英国人寿保险业界的奇才，他是第一个年业绩超过300万美元的推销家，后来他又是年业绩超过500万美元的第一人。由于他20年来累计的保险业绩高达2.5亿美元，因此他根据20年来的推销经验，写了一本名为《我如何卖出两亿五千万的人寿保险》的书。

巴哈自尊自重，热爱推销，他在工作之前，总是用下面的话为自己加油："今天我推销东西，将使买者受惠，对方所获得的利益比我推销所得的利益还要多。

如果我不推销的话，工厂就得停工。由于我推销，创造了就业机会，实惠了自己和别人。

我必须和许多人交谈，因为人们大都和气、友善，所以交谈是有趣的。做有趣的事，又有钱赚，何乐而不为呢？

别人常因机器更新而被迫学习，或担心自动化而失业，我无此烦恼，因为我的工作与机器无关。”

世界上只有懂得如何推销的人才能赚大钱。

既然自我激励可以助你跨越挫折这一关，那么销售新人怎样才能很好地做好自我激励？其实你完全可以每天告诉自己：“我是最棒的，我是最优秀的，我一定可以成功！”假如你想让自己的收入增加，你就对自己说：“我的业绩不断提升，我的收入不断增加，我会越来越富有。”假如你想让自己的情绪快乐，你就告诉自己：“我非常兴奋、快乐、幸福。”

很多医学研究证明，当人的大脑在思考一件事情的时候，很快会发出一种脑磁波，而脑磁波的频率可以吸引他所想到的人和想要得到的事物。

自我激励的神奇功效是已经被科学证实了的方法。作为一名销售新人的你不妨试试看，当你不断地在自我激励一件事情时，大脑所发出来的频率跟平常是不一样的，这就好比我们在想一个人——两三年没见面了，突然你想他，他就打电话给你，而你不想他，他就不会出现。相信很多人都有这样的经历，其实这是一样的道理。

《世界上最伟大的推销员》中那十篇脍炙人口、智慧隽永的羊皮卷，让全世界商界成千上万的人受益。这些人每天早晚诵读三遍，据说持续诵读这十篇羊皮卷，一年后，你就会发生脱胎换骨般的改变。事实上，这就是自我激励的方法。

你在推销时，不妨准备些上面写有自我暗示语的卡片，以备随时拿出来默念。还有，改变你的生理状态，你很快就会发现自己变得乐观、自信并且充满活力。

**推销秘籍**　不管是专注于业绩或者是其他方法，目的都只有一个，请记住这样一个道理：任何事情都是两面的，从不同的角度就可以有不同的结果。只要你随时都能以积极的心态去看事情美好的一面，学会给自己加油，就没有什么挫折可以击垮你，战胜自己就不再是梦想。

## ◆ 一颗专注于推销的心

乔·吉拉德有这样一句话：对于一个推销员，只要对目标时刻保持专注，就可以拥有无穷的拼搏的动力。

对此乔·吉拉德举过这样一个例子：就拿马拉松比赛来说，马拉松比赛进行到5000米以后，有两个人逐渐地甩开了后面的人，跑到了前面。

长时间地奔跑，已经使他们的体力消耗很大了，但是他们依然坚持着向前跑。这时的天气很不好，雾很浓，几十米内几乎看不清东西，后来天空又渐渐地飘起了小雨，这给比赛增加了难度。

跑在最前面的一个人，依然在拼命地跑着，不管雾有多大，他也不去理会，但却担心会被脚下的雨水滑倒，他始终注视着脚下不远的地方。跟在他后边的另外一个人却把头抬得高高的，他在注视着目标，心里在不停地默念着："终点，终点，我就要到终点了。"

两个人的体力都到了极点，他们仅相差几米远。

后来跑在最前面的人终于累倒在地上起不来了。

第二个人也感觉要趴下了，但是他却发现终点就在他前面的几十米处，透过迷雾，他隐约可以看见终点处摆动的旗帜。所以，他猛然又增添了一种动力，顽强地最先跑到了终点。

第一个人因为没有看见目标，所以在就要成功的时候失败了。毋庸置疑，这就是目标对于成功的作用。成功等于目标，其他全是这句话的注解。

一个人活在这个世界上如果没有奋斗目标，便犹如没有舵的孤舟在大海中漂泊。没有舵的孤舟，无论怎样奋力航行、击风破浪，终究无法到达彼岸。

卡耐基曾说："毫无目标比有坏的目标更坏。"因为没有目标并不是这人无所事事，而是这人很可能无所作为。

要想成为成功的人，必须先有明确的人生目标。没有人生目标，也就没有具体的行动计划；没有行动计划，做事就会敷衍了事、临时凑合，也就没有责任感，更谈不上什么意志坚强、斗志昂扬了。没有目标，什么才能和努力都是白费的。

大学生在谈及高中时代的学习生活时，都对那时吃的"苦"发出万般感慨，但那时却并未觉得很苦，因为心中有着明确的目标——考大学，相反，还觉得那时过得既充实又快乐。考上大学后，部分学生又为自己定下"考研究生"的目标。然而，也有为数不少的学生没有目标，他们得过且过，看似轻松，但却缺少年轻人应有的蓬勃向上的朝气，这部分学生总是时常追忆高中时代的那份充实感和快乐。其实，他们只要再为自己定下目标，无论什么样的目标，他们都能找回那种感觉。

推销员作为公司的一线人物更应该有自己的奋斗目标。应该为每一天、每一周、每一个月、每一年，甚至你的一生确定目标。正像种子需要有雨水的滋润才能破土而出，你的生命也需要有目标方能结出硕果。在制订目标时，不妨参考过去的最好成绩，使其发扬光大。永远不要担心你的目标过高，因为"取法乎上，得其中也；取法乎中，得其下也"。

著名推销员乔·吉拉德在谈及这一点时说："作为一名推销员，你必须为自己建立能够达到的实际目标。当你达到了这些目标，就把目标再提高一点，并再努力达到。如果你仅仅建立长期目标，而没有建立相应的中短期目标，则长期目标就会变得遥遥无期，甚至难以达到，从而使你

泄气，只得撒手作罢。比起为某些重要的但长远的目标进行艰苦卓绝的奋斗，我认为，一系列小小的胜利也极富有现实意义——运用这种方法，你就能达到长期目标。”这是乔·吉拉德的成功经验之谈，他自己就是这样做的：“数十年来，我为自己制定和提出日推销目标和周推销目标，这些短期的目标使我有能力完成我的长期目标。我所要达到的就是每周一定的推销量。我不认为推销量的高低与你使用的计划系统有什么必然的联系，但绝对必要的是，你必须建立若干目标并且有达到这些目标的计划。确定了推销目标，就会给你指明方向，并帮助你监控计划方案实施情况，使你取得成效。”

有人可能没有经过制订目标这一步骤而取得了某种程度上的成功，但是，不制订目标，就不能充分发挥其自身潜能。特别是对一个销售人员而言，如果没有目标，就会变得无精打采、烦躁不安。没有明确的目标，就不知道何时该庆祝胜利，就会摔跤，就会失去工作重点。

**推销秘籍** 下定决心，满怀热情，你将不会安于现状或半途而废。你的决心使你保持清醒的认识，直到自己渴望什么以及如何实现它。如果你的设想不十分清楚，就应该把目标的细节记下来。这样当你的注意力不集中时可以依靠目标提示你。更多的提示会增强你投入目标的力量，实现目标的决心就越大；决心越大，实现的目标也就越多。

## ◆ 坚信处处都有新市场

信心是人办事的动力，信心是一种力量，只要你对自己有信心，每天工作开始的时候，都要鼓励自己，我是最优秀的！我是最棒的！

曾经有一段时间，销售市场上流传着一个烧饼制造的财富传奇：小小的店面、简单的装潢、三两名员工、牛皮纸袋子、土家族字样、购买的队伍，这些构成了风靡大江南北的土家族烧饼——“掉渣烧饼”。它不但短时间内火爆全国，在海外也颇有名气。蹿红速度之快，范围之广，影视明星恐怕都得逊色三分。

将土家烧饼带出原产地恩施的是毕业于湖北工业大学的晏琳——一位27岁的土家族美女，被人冠以“烧饼西施”“烧饼皇后”的名号。她从一家20平方米的铺子起家，将土家烧饼发展成一种在全国几乎人人皆知的品牌。独特的风味使掉渣烧饼在武汉的“星星之火”迅速燎原，于是也就有了“中式比萨”的美誉。

晏琳的成功，就是因为她身上所具有的可贵的发现市场的眼光。可以说，土家族烧饼最初是以地方特产的形式存在的。在狭小的地域范围中，它的市场是有限的，晏琳将烧饼进行市场化的推广，最终创造了巨大的轰动效应。

对现在的销售行业来说，新市场的开发是每家公司、每名推销人员都必须面临和解决的现实问题。这是因为，新市场开发的成效与质量的好坏，对一家企业的成长及推销人员的个人提升至关重要。对于一些成长中的企业来说，新市场开发的多寡与好坏更是衡量推销人员个人能力的唯一标准，由此可见新市场开发的重要性。成功开发新市场是推销人员的天职，那么，作为一名推销人员，应该如何去开发新市场呢?

乔·吉拉德说过这样一个故事，故事老了点儿，却很能说明问题——在销售中取得最终成功的人，往往都善于开拓发掘新的市场。

有两家大公司都是生产鞋子的，为了寻找更多的市场，两家公司都向世界各地派出了许多推销员。这些推销员不辞辛苦，千方百计地搜集人们对鞋的需求信息，不断地把这些信息反馈给公司。

有一天，第一家公司听说在赤道附近有一座岛，岛上住着许多居民。这家公司想在那里开拓市场，于是派推销员到岛上了解情况。很快，第二家公司也听说了这件事情，他们唯恐第一家公司独占市场，赶紧也把推销

员派到了那里。

两位推销员几乎同时登上海岛，他们发现海岛相当封闭，岛上的人与大陆没有任何来往，他们祖祖辈辈靠打渔为生。他们还发现，岛上的人衣着简朴，几乎全是赤着脚，只有那些在礁石上采拾海蛎子的人为了避免礁石硌脚，才在脚上绑上海草。

两位推销员一上海岛，立即引起了岛上人的注意。他们注视着陌生的客人，议论纷纷。最让岛上人感到惊奇的就是客人脚上穿的鞋子。岛上人不知道鞋是什么东西，便把它叫作“脚套”。他们从心里感到纳闷：把“脚套”套在脚上，不难受吗？

第一家公司的推销员看到这种状况，心里凉了半截。他想，这里的人没有穿鞋的习惯，怎么可能建立鞋市场呢？向不穿鞋的人推销，不就等于向盲人推销画册、向聋子推销收音机吗？他二话没说，立即乘船离开了海岛，返回了公司。他在写给公司的报告上说：“那里没有人穿鞋，根本不可能建立起鞋的市场。”

与第一家公司推销员的态度相反，第二家公司的推销员看到这种状况后心花怒放，他觉得这里是极好的市场，因为没有人穿鞋，所以鞋的销售潜力一定很大。他留在岛上，与岛上的人交上了朋友。这位推销员在岛上住了很多天，他挨家挨户宣传，告诉岛上人穿鞋的好处。他亲自示范，努力改变岛上人赤脚的习惯。同时，他还把带去的样品送给了部分居民。这些居民穿上鞋后感到松软舒适，走在路上他们再也不用担心扎脚了。这些首次穿上了鞋的岛人也向同伴们宣传穿鞋的好处。这位有心的推销员还了解了岛上人的脚型，了解了他们生产和生活的特点，然后给公司写了一份详细的报告。公司根据这份报告，制作了一大批适合岛上人穿的鞋，这些鞋很快便销售一空。不久，公司又制作了第二批、第三批……第二家公司终于在岛上建起了鞋的市场，赚了很大一笔钱。

同样面对打赤脚的岛人，第一家公司的推销员认为没有市场，而第二家公司的推销员认为大有市场，两种不同的观点表明了两人在思维方式上的差异。简单地看问题，的确会得出第一种结论。但我们赞赏后一位推销员，他有发展的眼光，他能从“不穿鞋”的现实在看到潜在的市场，并懂得由“不穿鞋”可以转化成“爱穿鞋”这一道理。他为此进行了努力，并且获得了成功。

如果是你处在他们的位置上，你会属于哪种类型呢？也许你属于后一种，这是最好不过的了。但你更有可能属于前一种，这样的话就说明你还称不上是“优秀的”，说明你还没有把握开发新市场的一些技巧，也没有真正意识到这样做的重要意义。让我们在来看一个“将梳子成功推销给和尚”的事例。

某公司创业之初，为了选拔真正有效能的人才，要求每位应聘者必须通过一项测试：以比赛的方式推销 100 把奇妙聪明梳，并且把它们卖给一个特别指定的人群——和尚。

几乎所有的人都表示怀疑：将梳子卖给和尚？这怎么可能呢？

许多人都打了退堂鼓，但还是有甲、乙、丙三个人勇敢地接受了挑战。一周的期限期满后，三个人回到公司汇报各自的销售实践成果：甲先生仅仅卖出 1 把，乙先生卖出 10 把，丙先生居然卖出了 1000 把。

同样的条件，为什么结果会有这么大的差异呢？公司请他们谈谈各自的销售经过。

甲先生说，他跑了三座寺院，受到了无数次和尚的臭骂和追打，但仍然不屈不挠，终于感动了一个小和尚，买了 1 把梳子。

乙先生去了一座名山古寺，由于山高风大，把前来进香的善男信女的头发都吹乱了。乙先生找到住持，说：“蓬头垢面对佛是不敬的，应在每座香案前放把木梳，供善男信女梳头。”住持认为有理。那庙共有 10 座香案，于是买下 10 把梳子。

丙先生来到一座颇富盛名、香火极旺的深山宝刹，对方丈说：“凡来进

香者，多有一颗虔诚之心，宝刹应有回赠，保佑平安吉祥，鼓励多行善事。我有一批梳子，您的书法超群，可刻上‘积善梳’三字，然后作为赠品。”方丈听罢大喜，立刻买下1000把梳子。

更令人振奋的是，丙先生的“积善梳”一出，一传十，十传百，朝拜者更多，香火更旺。于是，方丈再次向丙先生订货。这样，丙先生不但一次卖出1000把梳子，而且获得长期订货。

公司认为，三位应考者代表着推销工作中三种类型的人员，各有特点。甲先生是一位执着型推销人员，有吃苦耐劳、锲而不舍、真诚感人的优点；乙先生具有善于观察事物和推理判断的能力，能够大胆设想、因势利导地实现销售；丙先生呢，他通过对目标人群的分析研究，大胆创意，有效策划，开发了一种新的市场需求。由于丙先生过人的智慧，公司决定聘请他为市场部主管。

有需求的地方就会有市场。很多时候，我们都认为很多事情、很多做法是不可能、不可行的，却从来不认真考虑一下，我们是否真正认识到了现实的需求。三流推销员看不到需求，二流推销员发现需求，但是一流推销员却可以创造需求。这就是成功推销员与普通推销员之间的差别。

新市场的开发，是一段艰苦的心智历程，它融合了一名推销人员的综合素养，体现着一名推销员良好的眼光、精神风貌及业务水准，因此，新市场的开发，需要突破自我，它不是想象中就会降落的奇迹，而是需要每名推销员在销售生涯中不断提升自己，并为之付出努力，这样事业才会回报于你！

**推销秘籍**　在销售的大家庭里，取得销售成功的人，往往都能比他人先发现商机与市场，成为自信的人，从而获得更多的利润。

## ◆ 树立明确的目标

销售人员作为公司的一线人员，其业绩关乎着公司的生存和发展，所以不能没有自己的奋斗目标和行动计划，否则他的销售工作便无从下手，只能是零乱地、漫无目的地走访几家客户，这样做的成功率又会有多少？结果当然可想而知。

乔·吉拉德告诫新手推销员说：“不要为公司做事，要为你自己做事。”若是为公司做事，必然是被动的、消极的；若是为自己做事，目标便可以自己确定，计划可以自己实行，那么他的行动便是积极的、主动的。

当然要注意，目标不能定得太高，否则无法实现，就会变成痴心妄想，势必影响斗志，情绪低落。所以要先定下可行的目标，然后分成若干具体步骤和阶段，做好具体的行动计划，拾级而上，自然是步步高升。

每个人都有自己的目标，但不是每个人最终都能达到他的目标。这些人并不是没有去努力争取，而是不明白这样一个道理：有一个远大的目标时时激励着自己，固然是成功所必需的条件；但是，如果没有一个如何达到目标的详细计划，那就像是水中捞月，可望而不可即。

行动计划犹如罗盘，具有引导每日推销活动的作用，推销员必须根据行动计划来核对自己的工作状况，查看每天的销售方向是否有误。

通常每月、每周、每天的计划是固定的，行动计划却会因公司各时期的营业方针或政策而有所改变。这种机动性高的计划，对业绩影响甚大，因此有必要妥善拟定。

等计划拟定好之后，接着就要依计划去开展工作。在工作开展过程中，要不断验收成果，看自己的所作所为与计划是否一致。假如不符合计划，就要分析原因，寻找解决对策，以便下次能顺利实施计划。倘若工作比计划早完成，就要反省检讨，这份计划所设定的目标是否太低，如果是，则下次计划时提高目标。

工作没有计划的人，通常都是漫无目的的人。只要上司下达命令，或是客户提出要求，他们均言听计从，毫无异议。这种人一辈子都在为别人疲于奔命，根本无法去做自己想做的事情。若再加上工作忙碌，就更没有时间为自己活了。

别以为这样做能获得上司的赏识，其实这是费力不讨好的事情。白天悠悠然地坐咖啡厅，或慢吞吞地处理公事的人，多半只是泛泛之辈，因为一名成功的推销员是不会有那么多时间可以消磨的。

成功的推销员永远具有绝对的目标导向，他们有非常清楚的目标，非常详细地规划他们的行动，他们会把目标做成详细的计划。一个没有目标的推销员就如同想要在大雾当中射中箭靶。所以你必须明确地设定每个月、每个季度、每半年、每一年的收入目标，以及你必须做到多少的营业额才能达到你的收入目标，同时你要把目标牢记在心中，不断地告诉自己你的目标是什么。因为你如果没有设定明确的收入和成长目标，你又怎么知道该如何达到这些目标呢？

确定目标非常重要，每一个真正这样做的人，都会这样告诉你。问题在于，真正这样做的人很少。如果你至今仍未这样做，至少应当试一下，不会有什么坏处。请按下面这些简单易行的规则去做。

（1）把你的目标写在纸上，这样才能增加明确度。只有把目标写下来，它们才有实际意义。当你写这些目标时，要尽量简明扼要，保证用眼睛一扫就能看见，不要一写就是好几页。

（2）这些目标必须是你非常渴望实现的，否则你就不会为之而努力。如果你不想拥有一艘高速船，不想买一所宽敞的房子，那你就不会达到这些目标。目标应当是你真正想拥有的东西。

（3）你写下的目标应当很具体。如果你光写“我想挣很多钱”或“我想致富”，这样不好，因为不够具体。如果你写“我想挣 10 万元”，也不好，因为这样也不具体。你还需要明确你想什么时候得到。例如，我想在未来的12个月里挣10万元。要达到这一目标，我需要每月挣8333元，即每周1923元。我每笔生意的平均金额是1940元，而我的佣金是10%，所以每次可挣194元。要达到这一目标，我需要一周做成十笔买卖，即每天两笔。现在，你的目标很具体了，但是否现实呢?

（4）目标要现实，否则只是一场梦。如果你说“我想在这周赚100万元”，那是不现实的。目标是应该能够达到的，否则你就不会为之而努力。目标不要订得过低，也不要订得过高，要保证只有努力工作才能达到这个目标。在达到目标的过程中，你应当监督自己的行动，应当总结你的成绩，这样才能激励自己，取得更好的成绩。

（5）经常检查你的目标，定期更新你的目标。如果工作进展速度超过目标要求，不要松懈或停下来。相反，应当更新目标，制订更高的但必须是能达到的目标。另一方面，如果工作进展速度落后于目标要求，你已无法实现目标，也不要放弃，这时，就应当检查和调整目标，使它更为现实一些，然后集中精力去完成它。

（6）你的目标就是你的目标。不要让其他人拉你的后腿，或给你泄力。做这种事的人大有人在，因为他们感到你的热情使他们相形见绌，你的成功使他们无地自容，他们不能接受你比他们强的事实。专业推销员应常常是我行我素，甚至有些自负的。这并不是说他讨人嫌，或者他不大度，不愿助人为乐，事实正好相反。他对自己始终严格要求，对自己的目标矢志不渝。专业推销员即使达到了目标，也缄默不语。他不想炫耀，不想让人嫉妒。相反，他握紧拳头，扬起胳膊，微笑着点点头，默默但有力地对自己说“好样的”。然后，他用新的目标替换已完成的目标，并向这一新的目标前进。

目标是照亮前路的灯，是指引方向的指南针和罗盘。只要找到了明确的目标，你就不会像没头苍蝇似的东一榔头西一棒槌，以至于最后一事无成。

**推销秘籍**　制定目标可使销售成功，不制定目标，就不能充分发挥其自身潜能。特别是对一名销售员而言，如果没有目标，就会变得无精打采、烦躁不安，就会失去工作重点。由此可以看出设定目标是多么的重要。

## ◆ 坚定的信念

信念是一种认识，一种对事物的认知、认同；信念是一种情感，一种藏于人内心的炽热感情；信念是一种意志，一种坚强的坚决的始终不渝。

1902年，西点军校毕业生、曾任校长的道格拉斯·麦克阿瑟曾经说过：信念不坚定，难有大的作为。也正是因为他坚定的信念使他圆了将军梦。

麦克阿瑟出生于军人家庭，父母从小就鼓励他成为“伟人”，于是他少年时树立了一个坚定的目标：做一个军人，当一名将军。

麦克阿瑟为了实现目标，刻苦读书，而且酷爱体育。他17岁考入西点军校，在西点军校成绩一直名列前茅，还曾创下西点军校25年来学员最高学分。照业后，麦克阿瑟开始了他的军事生涯。

第一次世界大战爆发时，美国开始积蓄军事力量，麦克阿瑟担任了陆军部的“新闻检察官”，工作做得十分出色，后晋升为少将，任西点军校校长。

后来，由于麦克阿瑟在西点军校实行的改革遭到了来自国会、陆军部、校友会等保守分子的责难，便被派到菲律宾马尼拉执行海外任务。

1925年麦克阿瑟受命回到美国，这时他的妻子力劝他退出军界，投身商海。但麦克阿瑟面对种种诱惑，一点也不动心，做个军人是他从小的愿望。最后，他的妻子离开了他。

1928年夏天，麦克阿瑟再次被派往马尼拉，担任菲律宾部队司令的职务。

半年后，美国陆军参谋长萨摩罗尔将军想任命他为工程部主任。麦克阿瑟清楚地知道，若接受这一职务，他在军界发展的希望就十分渺茫了，而他这时是盯着参谋长这一职位的；可若不接受这一职务，又可能被认为是不忠诚的表现。考虑再三，他还是拒绝了这一职务，而他的这一决定使他终于在 1930 年 8 月被任命为陆军参谋长，此时，他年仅 50 岁，成为陆军历史上最年轻的参谋长。

第二次世界大战爆发后，麦克阿瑟充分发挥了他的才智，指挥太平洋战场的盟军，取得了辉煌的战果，成为历史上有名的将军，终于实现了自己的抱负。

坚定的信念和明确的目标成就了麦克阿瑟的将军梦，因为他相信，只要有坚定的信念，才能大有作为，才能成功。

经常有人问："要怎样做才能推销成功？"或"要怎样做才能成为一位推销高手？"大家都期盼能有一个速成的秘方。

秘方在那里呢？秘方在你的心中。就如任何一位获得成功的人，在他的内心中都存在着一个坚定不移的信念，这个信念让他克服横亘在他面前的障碍、困难，这个信念让他胜过其他对手。

一位记者曾访问一位退休的巴西足球教练："创造奇迹式的胜利的秘诀在那里？"教练回答说："我们的球队如同其他球队一样都有最杰出的选手，面对这些一流的选手，我还能教他们什么技巧呢？他们对足球的技巧与认识，绝不会比我少一分，我懂得的也绝不会比他们多一分，我能做的唯一的事情，就是让我的球队在迎战对手前的一分钟，让他们的战胜意志达到沸腾。"这个创造巴西足球奇迹的秘诀，不在知识也不在技巧，它存在于每一位选手的内心，这股心灵的力量，才是创造奇迹的决定点。

马拉松的选手靠着平时磨砺，他们的意志力战胜身体的疲惫及想要休息的渴望。马拉松选手的胜负不在体力而在意志力，因为体力已超出人的体能以外。推销也是一样，你必须启动你心灵的力量，而心灵的力量来自你平日的培养。

如何培养你推销的心灵力量呢？乔·吉拉德告诉我们，作为一位专业推销员，你必须建立以下信念。

（1）确信自己的工作对客户有贡献

化妆品厂的老板相信他能带给人们美丽的希望，因而能建立全球性的企业。IBM 相信他对客户的贡献在于替客户解决问题，因而能成为世界上最大的信息处理公司。一位确信国家未来的命运掌握在他们手中的小学老师，在教育国家幼苗时，可以感受到他的眼神中那神圣的光辉。作为一位专业的推销员，什么是你坚信能带给客户的贡献呢？

成为专业推销员的第一个信念就是确信自己能提供客户有意义的贡献。若你心中没有这种信念，你是无法成为一流的推销员。

（2）关心客户

你的第二个信念是要真心诚意地关心你的客户。关心是赢得信赖的敲门砖，信赖有如冬天里的暖流，烈日中的清风，能扫除人与人之间的隔阂。信赖在推销过程中是最活跃的催化剂，有了它，客户不再对你设下防备的栅栏，有了它，客户能坦诚地向你诉说他真正的期望，剩下的问题是客户和你如何共同尽最大努力，以达成客户的期望。

有些推销员常常为与客户交流时没话题而苦恼，而羡慕那些能和客户愉快交谈的推销员。其实若是你能真诚地关心你的客户，你就能找出谈不完的话题，“关心”不能只止于“我真的想关心你”，关心是要拿出实际的行动，关心是“你能知道客户想什么”，关心是“你知道客户的喜好”，关心是“你知道客户需要什么样的信息，你会设法提供给客户”，关心是“不管生意做不做得成，我想和你做个好朋友”。

（3）保持积极与热诚

你的第三个信念是“只要做一天推销员，积极与热诚就是你的本能”。本能是一种自然反应，是不打折扣、不需要理由的。作为一位成功的推销员，失去了积极与热诚有如艺术家失去了灵感，有如发电机失去了动力，你还能期望能打开客户闭塞的心扉吗？

积极与热诚是会感染的，你不但能将积极、热情传播给你的客户，同时也能将你此刻的积极与热情传染给下一刻的你。因此，每天早上起来的第一件事——告诉自己保持积极与热情。

（4）驱策自己的意志力

推销员在推销时，通常要面对50次以上的“不需要”“没预算”“不喜欢”“太贵”的拒绝，才会成交一个单。你若是没有坚强的意志，很容易被拒绝所击垮。

你必须驱策自己忠实地执行你每日的推销计划，对于你每天已计划要做多少新客户拜访、拜访几位准客户，打多少预约电话，绝不自己替自己找理由拖延，因为专业与非专业的差别就在每天计划的执行程度。

许多新手推销员，都充满着要一展身手的豪情壮志，很遗憾的是，半数以上经过一个月，有的甚至一两个星期的实地推销后，沮丧就挂在他们的脸庞，意志也变得相当脆弱，当初的雄心壮志及成为一流推销员的憧憬似乎破灭了。

推销和其他任何伟大的工作一样，在你尝到甜美果实、享受自得与荣耀前，路途上有许多挫折与困难需要你克服，能够伴随你克服艰辛疲惫的利器就是你自己在推销工作上所秉持的信念。

信念不是一种知识，也不是一种理论，也不是一时的狂热，它是慢慢形成的。信念是依据过去的经验逐一证实的想法，这个想法经过愈多次的证实，信念就愈坚定。只有对销售目标充满必胜的坚定信念，才能成为一个优秀的销售人员。

**推销秘籍** 如果一个人对成功的信念不够坚定，那么他就会在充满困难和阻碍的现实面前缩手缩脚，于是很难到达成功的彼岸。我们应该拥有坚定的信念，它可以帮助我们克服重重困难，跨过种种阻碍，坚定的信念可以促使我们付出积极努力的行动。

# 第三章　坚韧品质，永不言败

推销工作没有一帆风顺的，出色的推销员绝不会因为遇到几次失败便从此洗手不干，而是积极地总结经验教训，找到失败的原因，然后以最快的速度投入到下一次战斗中。越是逆境越不言败，这就是推销员必备的坚韧精神。

## ◆ 在逆境中改变自己

乔·吉拉德说过这样一句话：如果你一时改变不了目前的形势，那就先从改变自己开始，只有这样才有更多的生存空间和发展空间。推销工作也是这样，本身就是一件在逆境中求生存的工作。

美国保险业有一个统计数据，在保险推销中，平均每访问16个客户，才能有一个客户购买保险，在目前的中国市场，成功率比这还要低得多。

推销员应该记住，客户的拒绝是一种常规的态度，我们不能因为遇到100个客户的拒绝而灰心，而是应该开始准备第101次推销。一个客户，可以从冷冰冰的拒绝开始认识你，时间久了之后，就可能成为朋友。所以，没有必要一开始就试图在短时间内说服客户，先要承认对方的拒绝。这时候你应该这样想，客户接纳我的时机还没有到，我现在最主要的是接受他的拒绝。但是，我已经把信息传递给了他，以后可以寻找恰当的时机和方式，让客户接纳我，从我的手中购买商品。因此，被拒绝是对推销员最基本的考验，不停地被拒绝与不停地推销，简单的事情必须重复做。

有些推销员上推销课，在听过老推销员的经验讲解后，往往会产生一种激情，会把推销想成非常快乐、非常轻松的职业，每天东奔西走，又不用坐班，也没人盯着自己，想到走进客户的办公室，客户非常热情地端茶递烟，笑脸相迎，并且大声说："啊．你来得正好，我们太需要你们的商品了，来得真是时候啊！"这一镜头只能发生在推销员的白日梦之中，现实生活中是不可能出现的，如果大家都那么缺少商品，那要推销员去推销干什么？在公司销售部坐着等客户上门就是了。

因为前面有一连串的被拒绝，所以顽强的敬业精神是所有优秀推销员都必须具备的素质，百折不挠，要认定被拒绝是不可避免的，不能遇到的

拒绝一多，就灰心丧气，一蹶不振。失败乃成功之母。要在失败中站立起来，一帆风顺的事在推销行业中是微乎其微的。你要记住：推销员永远是一位孤独的勇士，在不断地被人推出门后，还能再次举起手来敲门，也许，机会就在那最后的一敲。

日本的原一平是人寿保险的推销大师。有一次，他准备向一家汽车公司开展企业保险推销（所谓企业保险，就是公司为其职工缴纳预备退职金及意外事故等的保险），可是，同行告诉他，那家公司一直以不缴纳企业保险为原则，不论哪个保险公司的推销员去推销都没有成功过。所以，有些好心人劝他不要去接这个“烫手的山芋”。但是，原一平不相信，他决定试一下。首先，他选择了总务部长作为对象进行拜访。谁知总务部长不愿意与他会面，他去了好几次，对方都以抽不开身为托辞，根本不露面。原一平坚持去拜访，即使对方不接见自己。

两个多月后的某一天，对方终于同意接见他。走进接待室后，原一平竭力向总务部长说明加入人寿保险的好处，紧接着拿出早已准备好的销售方案，满腔热情地进行说明。可总务部长刚听了一半就说：“这种方案，不行！不行！”然后站起身就走开了。

原一平没办法，只得拿起销售方案离开。回到家后，他对方案进行反复推敲，认真修改。第二天上午他又去拜见总务部长。对方再次以冰冷的语调说：“这样的方案，无论你做多少带来也没用，因为本公司有不缴纳保险的原则。”

在遭到拒绝的一刹那，原一平愣住了。这人怎么这么没礼貌、没修养，昨天说那个方案不行，自己熬了一夜重新做方案，现在却又说什么无论拿出多少方案也白搭……

原一平几乎被完全打垮了。但忽然间，他的脑海里闪出一个念头：有什么了不起的，看我如何以“世界第一推销员”的意志来征服你，征服你的公司。因为这位总务部长代表着那家公司，而原一平也代表着整个明治保险公司。原一平认为自己要推销的保险，肯定对这家公司有益无害。于是，他的心情渐渐平静下来，说了声“那么，再见！”就告辞了。

从此，原一平开始了长期、艰苦的推销访问，前后大约跑了300回，持续了3年之久。从原一平的家到那家公司来回一趟需要6个小时，一天又一天，他抱着厚厚的资料，怀着“今天必定会成功”的信念，不停地奔波。就这样过了3年，终于成功地完成了盼望已久的销售目标。

对此，原一平深有感触地说：“推销就是初次遭到客户拒绝之后的坚持不懈。也许你会像我那样，连续几十次、几百次地遭到拒绝。然而，就在这几十次、几百次的拒绝之后，总有一次，客户将同意采纳你的计划。为了这仅有一次的机会，推销员需要做出最大的努力。推销员的意志与信念就显现于此。”

**推销秘籍** 这就是推销，正是在一个又一个的被拒绝之后，才成就了强者最后的辉煌。既然被拒绝是无法避免的，那就像狼一样改变心态勇敢地面对，把客户的拒绝当成成功的阶梯。

## ◆ 大师要禁得起挫折

不如意时人们常常抱怨：“我还有比这更倒霉的时候吗？”如果换一种角度来想：“今天是我人生的最低谷，明天将是我攀向人生顶峰的开始。”这样我们看到的将是另一片天空。挫折有时就是一笔财富，这笔财富来之不易，因此也不易失去。人会因挫折而变得更加坚强。

看看号称“世界上最伟大的推销员”的乔·吉拉德的一生，足可以说明这一点。

1944年，乔·吉拉德在16岁时得到了一份全职工作，在美国密执安

锅炉公司做锅炉装配员。他一个星期挣 75 美元，那是他所能挣到的最大数额，为此他一天要工作 12 小时，一个星期工作 6 天。尽管工作时按标准戴上了防护面具，他的肺在这一年的锅炉维修与装配中仍受到了损害。为此，他被迫辞职。直到今天，他还患有严重的气喘病。

此后，他帮助卖水果和蔬菜的小贩，用卡车把货物运到底特律的东部去卖。他喜欢这份户外的工作，并为他的贩卖能力而自豪。但是，他意识到在这一行干没有多大的前途。

毫无目的的乔·吉拉德在 1947 年 1 月 3 日加入了美国步兵团，那年他 18 岁。97 天后，在肯塔基的福特罗克斯，乔·吉拉德摔倒在行驶的军车附近，为此他的背部受了很严重的伤，后来他光荣地退伍了。

在退伍之后，乔·吉拉德先后大概干过 40 种不同的工作：他在一家印刷厂开过卡车，在一家汽车公司的装配线上干过，在电镀厂做过工，在一家饭店当过侍者……但每次都遭到解雇，他常常觉得自己就像一堆垃圾，动不动就被别人扫地出门。

在乔·吉拉德处于危难迷茫之际，他终于碰到了一个给他带来转机的人，他的生活也因此而稍有改变。这个人就是阿博·史波坦。

阿博·史波坦是一个小型住宅的建筑商，他雇乔·吉拉德做一名普通工人。乔·吉拉德的任务是开卡车、搅拌水泥、搬运建筑材料，有时还帮忙砌砖，做一些盖房子的琐碎工作。就在这段时间，乔·吉拉德结婚成家，接着又当上了父亲。

史波坦退休后，就把生意交给了乔·吉拉德。为了扩大买卖，乔·吉拉德打算找一块大一点的地皮，他看中了底特律东北郊区的一块地，只是那块地完全没有开发，没有排水沟，乔·吉拉德很犹豫。地产推销商很神秘地对乔·吉拉德说：“不要担心排水沟，我在市议会里做事，听说他们要在春天开始挖排水沟。不过，你不要告诉别人这话是我说的，他们不希望这一带有土地投机行为。”

于是，乔·吉拉德以相当高的土地契约利息买下了那块地皮，心里还很得意。就在这块土地上，他盖起了第一栋房屋，然后立起招牌，坐等顾客上门。

几乎所有上门的顾客都问他有没有排水沟，他如实回答，说现在还没有，但几个月内就会有的。于是他们说等排水沟建好了，他们再来买。

大家都只看不买，他也只能是坐在那儿等着。可是，由于购买土地和建筑材料他欠了别人6万美元，这6万美元都是短期贷款，每个债主都来向他讨债。

最后，乔·吉拉德也坐不住了，他到市议会询问此事，这时他才发现事实的真相：从来就没有人计划要建什么排水沟！这犹如当头一棒，乔·吉拉德一下子懵了。

后来乔·吉拉德在回忆那一段生活时说：

“当我逐渐到达了事业成功的时刻——建立了家庭，有了美满婚姻、贤惠的妻子以及两个可爱的孩子小乔和格瑞丝，接着仿佛如噩梦般的，我的事业在一夜之间垮了。我过分信赖虚伪的诺言，导致负债累累，法院传票员带了一张法官的令状，准备没收我的家产，银行要拿走我的车子，更糟糕的是，家里一点食物也没有。

“晚上，恐惧主宰了我，我把车停在离家几个街口以外，这样从银行来的人就发现不了我。我从屋后的一个窗口偷偷进出，避免债主在前门发现鬼鬼祟祟的我。

“我跟孩子玩不诚实的游戏，我实在害怕得要命，害怕法院传票员想出一个进入我家的法子，然后把传票交给我。我告诉小乔和格瑞丝，我们正在和邻居玩一个不开门的游戏，谁先打开门谁就输了。

“当然，这些战术并没有奏效，我很快失去了我的房子、我的车子和我的自尊。

“白天来临时，妻子告诉我一点食物也没有了。忽然，我觉得填饱肚子

成了我全部的心愿，我几乎一点信心也没有了。”

就在乔·吉拉德极度沮丧的时候，他的妻子搂住他说：“乔，我们结婚时空无一物，不久就拥有了一切。现在我们又一无所有，那时我对你有信心，现在还是一样，我深信你会再成功。”

就这样，乔·吉拉德开始重新建立信心，他拜访了底特律一家大的汽车经销商，要求一份推销员的工作。销售经理起初很不乐意。

“你曾经推销过车子吗？”经理问道。

“没有。”

“为什么你觉得你能胜任？”

“我推销过其他的东西——报纸、鞋油、房屋、食品，但人们真正买的是我，我推销自己，哈雷先生。”

此时的乔·吉拉德已建立了足够的信心。

经理笑笑说：“现在正是严冬，是销售的淡季，假如我雇用了你，我会受到其他推销员的指责，再说也没有足够的暖气房间给你用。”

“哈雷先生，假如你不雇用我，你将犯下一生最大的错误。我不抢其他推销员的店面生意，我也不要暖气房间，我只要一张桌子和一部电话，两个月内我将打破你最佳推销员的纪录。”

啥雷先生终于同意了乔·吉拉德的请求，在楼上的角落里，给了他一张满是灰尘的桌子和一部电话。就这样，乔·吉拉德开始了他的汽车推销生涯。

乔·吉拉德有一个严重的生理缺陷，从8岁时开始，他就有严重的口吃，说起话来结结巴巴，这一毛病可能是他父亲殴打他所致。乔·吉拉德曾经跟很多人谈过这一问题，也去找过医生，他们都一样劝告他，想办法讲慢点。不过在开始推销汽车之前，并没有太大的压力来要求他提高自己的语言表达能力。现在就不同了，要推销汽车，要面对面跟顾客讲话，他必须克服这个缺陷，否则一家人就没有饭吃。说来也奇怪，一旦有了压力，他很快就改掉了这一毛病，当时他已经是 35 岁的人了。

乔·吉拉德上班的第一天就做成了第一笔交易，卖出了第一部汽车。关于第一笔交易，他只能回忆起两点。第一点就是那位顾客是可口可乐推销员，之所以能记住这点，可能是因为它与杂货店有关，那一天他满脑子都是杂货店。第二点是一种强烈的自我感觉——“他没有办法不买我的车子就走出店门。”这完全是一种直觉。当看见那位顾客时，乔·吉拉德脑子里所想的只是他自己的需要，他的需要就是从杂货店里捧回一袋食物回去让老婆、孩子吃饱。

乔·吉拉德说：“我能够成为全世界最伟大的汽车推销员，也许就是因为我有最迫切的需要，没有任何需要比让饥饿的家人吃饱更为迫切。”在两个月内，乔·吉拉德真的做到了他所说的，打败了那儿所有的推销员，他偿还了 6 万美元的债务，也找回了自尊。

乔·吉拉德开始从事汽车推销工作是 1963 年，这一年他卖了 267 辆车，在那个年代，这一推销数足以使他过上舒舒服服的日子了。

三年之后，也就是 1966 年，他推销出去了 614 辆汽车和卡车，都是零售的。这一年，他荣登“全世界零售汽车及卡车推销员第一名”的宝座。

在这之后，每一年他都是“零售汽车及卡车推销员第一名”，每年生意都增加 10%以上，有时高达 20%。

1976 年，他的佣金总收入超过了 20 万美元，这是他收入最多的一年，胜过他的人并不多。

1978 年 1 月 1 日，乔·吉拉德洗手不干，退出了汽车推销界。在他推销汽车期间（从 1963 年—1977 年），他卖出了 13001 辆汽车，而且全部都是零售。现在他的大部分时间都用来写书，从事演说和指导销售工作。

他的名字还被收入《吉尼斯世界纪录大全》，只要找到“全世界最伟大的推销员”那一项，就会发现乔·吉拉德的名字。

乔·吉拉德先后撰写了《推销术》和《怎样推销你本人》等书，都是

最受欢迎的畅销书。

**推销秘籍**　乔·吉拉德的一生，真可谓多灾多难。正因为这样，乔·吉拉德最后的成功就成了一种必然。如果乔·吉拉德从一开始参加工作就一帆风顺，那么到最后他顶多就是一家公司的高级职员而已，推销界的历史可能会因为没有他而显得黯然失色。

## ◆ 成功就是坚持到底

乔·吉拉德说过这样一句话：很多事情只要稍一松懈，就会前功尽弃。身为推销员，最好的选择就是坚持到底。

作为推销队伍中的一员，如果具有这种坚韧的个性，几乎每个人都可以成为优秀的推销员，谁也不例外。对于许多保险推销员来说，他们所羡慕的成功并非是突然降临的，它要求你每天都全身心地投入。一旦你对自己的成功抱有坚定的信心，那么到了一定阶段，推销中产生启动动力和动机的问题会让位于运用成功动力的问题。

对于成功的信念要保持你的动力的持久性。因为信念会派生出关注和乐观主义，是“心理甜食”；由信念产生的积极态度则充满了活力。

保持信念的好处在于不管你对与错，你将保持不达目的誓不罢休的想法，并加强你的动力。

信念很重要。你应该很清楚达到目标的可能性，你想象它们的感觉与实际达到的感觉几乎完全相同。

为了加强信念，你要不断地用支持你的观点，取代否定你的想法，把你仍有欠缺的想法变成向你提供肯定信息的起点。许多推销员已到达了成功的边缘，几乎伸手可及了，却转身走了。

对于这些推销员，当成功已到了他们掌握之中时，总会发生一些意想不到的事。离目标已近在咫尺，但是，他们开始焦虑不安并自我摧毁。

他们担心，一旦成功了，人们将期望他们重复成功。

有些推销员也担心成功将使他们同其他人割裂开来。这些推销员可能干脆通过退出此行业或为自己设置不切实际的目标，来避免成功。一旦他们失败，他们就按失败来安排自己，并对自己说："看，我已做过努力，可我根本无法成为最佳的保险推销员。"

最可悲的是，一些推销员从成功的门前退了下来，因为他们认为不该得到它。从心理上讲，如果你认为某种东西不属于你，你就很难接受它。成功的感觉要求你自我感觉良好，认为你应得到成功，而这正是某些推销员所欠缺的。

每个人在生活中都不可能一帆风顺，总会遇到一些考验，陷入困境之中，这时候，最重要的是意志，如果坚持下去，就可能改变命运。如果轻易放弃，就会与成功擦肩而过。

美国阿拉斯加州的比尔和雷诺，是两个精力旺盛又爱幻想的年轻人，他们不甘心过贫困的生活，一起来到非洲腹地，去寻找传说中的宝石。在渺无人烟的山谷，比尔和雷诺一块接一块地拣着矿石，这无疑是项既枯燥又辛苦的工作。

时间一天天逝去，比尔和雷诺的手已经磨破了，身上被毒辣的太阳晒掉了一层又一层皮，被蚊虫叮咬过的地方开始流血化脓。在拣到第 9999 块矿石的时候，雷诺坚持不住了，他决定离开那里。

比尔说："我们已经拣了 9999 块，就这样放弃了岂不是半途而废？要不就再拣一块凑到 1 万块，说不定最后 1 块就是宝石。"雷诺不耐烦地说："现在谁还抱有你这想法，那他肯定是个白痴。"他说完就头也不回地走了。

比尔看着雷诺的背影从视野中消失，叹了口气，然后随手又拣起一块矿石。很快他感到手里的这块矿石沉甸甸的，与以往的大不相同，仔细一

看，原来真的就是梦寐以求的宝石。回到阿拉斯加州，比尔将宝石变卖开起了钢铁工厂。

若干年后，当雷诺还在阿拉斯加州流浪的时候，比尔已经成为美国首屈一指的钢铁大王。有人问他成功的秘诀是什么？他很有感触地说了这样一句话：“成功和失败只有一步之隔，谁坚持到最后谁就是胜利者。”

在商界，能做最多的生意，赢得最多的主顾，销售最多的商品的，是那种不灰心、能忍耐、绝不在遇到困难时说出“不”字来的人，是那种有忍耐精神，谦和礼貌，足以使别人感觉难背其意、难却其情的人。

一受刺激就不能忍耐的人，不会有大成就的。人的天性决定了他们对各商家的推销员总有些不欢迎，但是，当他们遇到三两个有忍耐精神和谦和态度的推销员，事情就不同了。他们知道，有忍耐精神的推销员是不容易打发的，他们常常由于钦佩那个推销员的忍耐精神而买下了他的商品。

做高兴做的事，做喜欢做的事，这是很容易的。但是，要全神贯注地去做那种不快的、讨厌的，而同时又为了别人的缘故不得不去做的事，却是需要勇气、需要耐性的。

认定了一个大目标，不管它可喜或可厌，不管自己高兴或不高兴，总是全力以赴——这样的人，总能获胜。

定下了一个固定的目标，然后集中精力去实现那个目标。这种能力，最能获得他人的钦佩与尊敬。

**推销秘籍**　不管社会发生什么变化，意志坚定的人总能在社会上找到位置。意志的坚定能生出信用来。所以，从某种角度来说，在困境中忍耐、坚持到底不失为一种技巧和一种策略。

## ◆ 走出黎明前的黑暗

在推销行业中，几乎每个推销员都会遇到类似的情况——推销低谷。

就算是再资深、再优秀的推销员或是业绩始终保持一定水准的推销员，也会发生连续两三个月业绩持续滑落的情况，这就是一般推销员闻之色变的“推销低谷”。不曾经历过的人绝对不会知道它的杀伤力有多大，曾经经历过的人则会暗暗祈祷噩梦不要再度降临。

推销低谷，不仅使人精神郁闷，丧失冷静，失去信心，甚至连自己是何许人都会产生怀疑。实际上，发生这种状况绝对不会没有原因，可能是没有开拓新的客户，可能是活动量不够，也可能是家中发生重大事故或自己生病而失去应有的推销水准等。显然，原因都是出在自己身上，除非是因重大事故或生病等不可抗拒的因素，否则失败的责任绝对得要自己来承担。

有些推销员运气好时，谈上两三回就能立即促成，来得太容易的胜利常常让人冲昏了头脑，认为从此以后幸运便会永远伴随，不再多花时间培养新的客户及熟客，整天就是呼朋唤友去喝咖啡消磨时间，待业绩出现断层时，则方寸大乱，不知道怎样脱离困境。

这种情形常是自满与自傲导致的，活动量不足尚容易解决，自满与自傲却如同一柄双刃的利剑，在一切状况时会化为自信，使拜访活动更有活力；但当业绩陷入低潮时，它将成为无形的杀手，使一切自我钻研、自我努力的成果化为乌有，业绩平庸，难以向前迈进。

更可怕的是一石二鸟或三鸟，有些推销员不单满足于贩卖一家商品，经常兼卖好几家不同的商品，结果造成贪多嚼不烂，最终一无所获。不安于现状固然是驱使推销的原动力，但易有火力散乱、不易命中靶心的缺点，这也是为什么“万能推销员”一直是个名词，却无法成真的原因！

再者可能就是推销技术的问题。有的人迷信某种推销方式非常管用，

便一成不变地将它运用在每个客户身上，殊不知，一成不变久而久之将磨去从前的魄力与热情，再也无法感动客户。

产生推销低潮时，其实也不用灰心，凡事总要看得开些，原田一郎曾经说："人生就是由无数烦恼串成的念珠，乐观的人是一面微笑一面去数它的。"何必自寻烦恼，最好把目标锁定在下一期的业绩上。也许这期间，正是对自己的销售能力及拜访活动做一全盘检讨的最佳时机。在下一次重新出发时，能更有活力地、更有技巧地进行推销活动。

乔·吉拉德第一次遭遇推销低潮时，不断虚心检讨自己的优缺点，极力想从中找出原因，可是一直无法摆脱。有一天，他下定决心去拜访另一名资深推销员，请教摆脱困境的方法，没想到这位前辈却因心情郁闷而醉酒在家休息，他知道后心中大为震撼，同时也认为自己这种行为未免过于天真。仔细想了一晚后，第二天一大早，他便起来冲个冷水澡(当时正值冬天)，直接出门去拜访客户。果不其然，第一家便被拒绝了，第二家也被拒绝了，但是他一点也不在意，仍然继续拜访客户，他决意要试试看一直拜访完十家后结果会如何。最后，终于在第五家时便结束了为期多日的噩梦。真是不错，五家都有了结果！

签完合同后，他跑到路上大声说："太好了！我并没有放弃！"也就是从那时开始，一向一帆风顺的他，终于品尝到了推销真正的辛酸，同时也在这一瞬间，他感到自己对于推销这份行业的热爱程度有多深。如果是一般的像在办公室做内勤的工作，无论发生什么问题，一定要仔细追究原因，加以反省，然后找出改善之道。可是在推销业中，这道程序必须大幅度简化。一是因为时间就是金钱，没有太多的时间能让推销员从容地反省、忏悔；二是因为推销员所遭遇的推销低潮与一般白领阶层的工作低潮截然不同，不能同样处理。

乔·吉拉德说："最好的处理方式就是，拜访再拜访，再拜访过数十家甚至数百家客户后，一定会成功的。一再追悔为什么无法促成，对于事情一点帮助也没有，倒不如好好想想看，为什么以往能在不可能促成的状况下签下合约！相信这反而能让自己找到更多以往遗漏的重点。”

世道如海水，都有高低潮，这是事物发展的一般规律。就像有白昼就注定要有黑夜，而黎明前的那一段夜将是最难度过的。但有一点你必须相信：越是黑暗的时候，越证明黎明已不远了。

**推销秘籍** 推销员遇到推销低谷的时候，一定要表现出狼身上的那种坚韧的意志，想想屹立在北风萧瑟中的那一匹神采飞扬的狼，你就会找到克服推销低谷的最佳方法和态度：绝不停下脚步，走出眼前的黑暗就是黎明。

## ◆ 理性地看待失败的价值

乔·吉拉德有一句名言：我们当然可以嘲笑别人的失败，但如果我们能从别人的失败中学习经验，那当然是最好不过了。把别人的失败当成对自己的美好忠告，这非常有利于自己的成长。

遭遇拒绝、遭遇失败是人之常情，世上并没有常胜不败的将军。遭遇拒绝、遭遇失败的原因无非是自己还有缺陷，谁不希望得到完美的东西而会去希求有缺陷的东西呢？当然世上也不可能有毫无缺陷的东西，但是我们应尽量地完善自己，把自己完善到足以让人接受、使人认同的程度。这样，即使遇到困难也能克服，遇到关卡也能越过，也就不至于在遇到挫折时使自己陷入困境不能自拔了。

因此，要想让别人接受你、赞美你，要想成功，你就不能害怕困难和挫折，不能害怕别人的拒绝。相反，你要把拒绝当作你的励志之石，当成你不断完善、走向成功的动力。但是，在现实生活中并非所有的人都懂得这些道理。因此，他们在遇到困难挫折时就会采取完全不同的态度。

一家实力雄厚的公司开发了一种新产品，为了占领市场，公司招收了一批推销员。为了培训推销员，营销经理先对这批推销员传授了营销技巧并进行了心理培训。然后，营销经理带着这批推销员到大街上去销售产品。开始的时候，这批推销员个个信心百倍，结果一天下来，却很少有人卖出产品，营销经理告诉他们这就是他们每天要做的工作。接下来有一些人就退出了营销队伍。

这些推销员无论走掉的还是留下来的都经过了程度不同的失败和打击。他们所选择的工作，即在一个新兴的市场推广这一陌生的产品，要让客户认同一个新的产品并且愿意花钱购买，难度本身就很大。况且，由于他们销售的产品技术含量较同类传统型产品高出很多，所以产品价格相对较高，这就使得销售工作更是难上加难。

因此，这批推销员遭遇困难和挫折是预料中的事。但是，由于他们对困难挫折的认同理念不同，因而在面对失败时就分成了三种不同类型的人。

第一种人，即那些初遇困难就退出了营销队伍的人。他们在遭受了打击之后就一蹶不振，成为经历一次困难就被击败的懦夫。这种人最容易身陷困境，因为他们连一个人生的关卡都不能越过，所以将永远与成功无缘。

第二种人，即那些只凭着一腔热血猛冲猛拼而根本不反思失败原因的人，此类人乃有勇无谋之人。这种人或许凭着一时的拼劲儿能取得一点成功，但成功的代价却非常昂贵。因为，这种人在面对失败时用的是自己的肉体而不是用头脑，所以，他们只能被失败碰得头破血流。当他们的血流完了的时候，也就在成功的道路上消失了。这种人陷入困境的概率远远高于成功的概率。

第三种人，即那些在遭遇挫折失败时能不断地磨炼自己、调整自己，能找到战胜困难的最佳攻击点的人。这种人成功的概率最大，他们很少会被困境所困，即使有时被困也能通过自身的力量把自己从困境中解救出来。因为，他们与前两种人相比，是智勇双全的人。他们善于运用自己的头脑找到战胜困难的最佳办法，并且还有顽强地战胜困难的品质。所以，他们在遭遇困难时不但能战胜它，并且能以最小的代价战胜它，在战胜它后还保存着相当的实力，有了实力也就意味着还有前进的动力，有了动力就能战胜一个又一个的困难，一步一步逼近成功，直至登上成功的巅峰。

这三种人针对困难挫折所采取的不同态度造成了他们人生结局的重大区别。其实，他们所遇到的困难都只是暂时的而已，而暂时的困难或一两次的困难并不能决定一个人的一生。无数的成功者都是经历了无数的失败才摘取了成功果实的。

可以说，在困难面前没有失败就没有成功，失败是成功之母！只遭遇一次失败就失去信念，就不去挑战困难，实际上就等于放弃了人生成功的机会。其实机会就隐藏在失败背后，你战胜的困难越多，你人生成功的机会也就越多。这就如同淘金一样，淘掉的沙子越多，得到的金子也就越多。沙子的多少与金子的多少是成正比的，失败与成功的关系就如同沙子与金子的关系。

再让我们看一看在遭遇失败后，那些往后退缩的人都损失了些什么。从前面所举的营销的例子可以看出，那些人只不过是多走了些路、多说了些话而已，他们虽然没有把产品卖出去，但产品仍在他们手中，他们的产品并没有因此而贬值或有什么损失。

如果要说有损失的话，那最大的损失当然莫过于他们失掉了人生最宝贵的机会。因为，在销售产品时，第一个人不要不等于第二个人不要，第二个人不要不等于第三个人不要，那么为什么要放弃机会，而不去试着把产品介绍给第二个人、第三个人，甚至更多的人呢？难道真的指望天上掉馅饼吗？可这些人却不见得会这样看问题，他们会觉得碰钉子、遭人拒绝很难为情，很没面子。殊不知面子是争取来的，任何时候，一个人不占有足够的社会财富就根本谈不上面子。

第二种人固然勇气可嘉，他们也许懂得金子埋在沙中的道理，但他们

只知道要淘掉沙子才能找到金子，却不知淘金也有很多技巧，还有事半功倍的办法。只知道一味地用蛮力，蛮力固然也有派上用场的时候，但蛮力并不能时时奏效。要知道人除了有力气之外还有大脑，大脑就是用来分析问题、解决问题的。所以，第二种人只要能够把自己的脑子用上，征服困难就更容易一些，通往成功的路也就会平坦一些。

最值得赞扬的人是第三种人，他们不畏惧困难，还会用困难来磨炼自己，而且敢于把困难像拔钉子一样拔掉；同时，他们还知道拔钉子时用一个杠杆更省力；更重要的是，他们在拔掉一颗钉子后，还能预见或避免钉子的再出现。所以，他们能在遭遇困难时迅速地战胜困难，使自己更快地走向成功。

可见，要成功，首先不要畏惧困难，不要让困难把你的心态摧垮。其次，要成功还得正视困难，研究困难，从战胜困难中总结经验教训，通过困难磨炼自己的意志品格，练就一身战胜困难的本领。

**推销秘籍**　失败和磨难有其自身的价值，就看你用什么样的心态对待它了。真正的强者虽然永不言败，但他们终会承认失败和磨难给自己所带来的积极的影响。

## ◆ 学会卷土重来

不可否认，坚持到底、不屈不挠是推销员韧性精神中最重要的组成部分。但是，并不是所有的事情都会通过顽强的努力就有一个完美的结果的。当碰到一件“无论如何也不能完成的事情”时，应该怎么办？——卷土重来，这是韧性战略所能给出的唯一答案。

乔·吉拉德说过，在推销的过程中，不管你的商品有多好，也不管你的报价多优惠，不管你的建议对对方有多大好处，更不管你的推销能力有多强，推销总会有碰钉子的时候。有些人因此深受伤害，有时候挫折感严重到令他们告别推销活动的程度。其实，你只要想一想，在水温等外部条件具备的情况下，煮熟一个鸡蛋还需要几分钟的时间呢，更何况让别人转变观念，接受你的方案、你的商品，哪有那么容易。明白这一点，你就不会有太多无谓的挫折意识了。当对方毅然决然地拒绝："我绝对不会买的，你别浪费时间了。"甚至直截了当地要你走开的时候，你怎么办？顽抗吗？就像有些推销员说的那样："赖在那里，死缠到底。"并不需要太高深的智慧，就想象得到结果必然是两败俱伤。即使当时成交，也不能指望建立长期的合作伙伴关系了。

投降吗？溃退吗？对方一说，就拍拍屁股走人，痛快倒痛快，可是对方怎么能对你的商品、你的方案产生兴趣和信心呢？

讲和吗？听到对方严词拒绝，就吓得赶紧向对方保证以后不谈"业务"，只讲交情，日后还能开展推销活动吗？路都给自己堵死了！每个人的一生当中，总会有许许多多不如意的事情，并不是每个人都具备足够的解决能力，因而会产生所谓的"挫折感"。由挫折感所衍生的情绪反应，会使人悲观、失望、丧失信心，甚至还会出现自怨自艾、愤世嫉俗或反社会情绪。

尤其在现代社会中，若无法排除挫折，将会使你在人生成功的道路上停滞不前，长久下来距离成功的目标就更加遥远了。所以，推销员必须学习如何去面对挫折感，进而转化挫折的力量，化阻力为助力，让自己的心情更健康、生活更充实。

挫折会打击人的情绪，降低积极的能量，其影响力是十分厉害的，若要解决挫折所带来的伤害，必须遵从三个法则：

（1）先从改变心态开始

由内心出发，可以改变内在的概念，并修正外在的行为，使心里有所准备，才能化解冲击，其中主要有三个概念：

①客户的拒绝是自然的反应。从客户的角度去考虑，对方为什么必须听信推销员一面之词而认同商品，这个想法在初次见面、彼此尚未建立信心或未达成某种共识之前最为明显，尤其是销售无形化的商品，比起有形商品被排斥的机会更多。推销员必须了解客户的心态，因为客户是买方，推销员是卖方，当买方想要杀价时当然会持反对的意见，以求得降价的空间，这情形本来就是一种自然的反应，所以必须将这些反应视为当然，如此一来遭受拒绝的可能就会降低许多了。

②不要怕客户挑毛病。专门挑毛病，找推销员言语上的漏洞或是过度地吹毛求疵，甚至是为反对而反对的客户，如果不是想借由反驳以求全身而退，就是出现购买行为前的关切问答，而且是十分有潜力并值得开发的客户（因为大多数推销员都不容易获其青睐之故），所以不必担心客户会针对商品或销售语言上的缺点做批评。根据以往的经验，越是吹毛求疵得厉害的人，购买意愿也越高，否则他只会敷衍两句，根本不必多费唇舌与你周旋。

③客户拒绝是训练业务的机会。军队里流行一句话："平时的要求叫作训练，特殊的要求叫作磨炼。"如果推销员不能接受失败与挫折的打击，成长的空间一定有限，就如同温室中的花朵，不能承受屋外风雨的打击。如果我们将客户的拒绝当成可以锻炼自己产生具备免疫功能的抗体，又何必担心这些外来的挫折会打击自己，反而应该是越挫越勇，借由客户的拒绝磨炼自己的业务技巧。

（2）尽量让挫折少出现

挫折难免会影响情绪，如何才能减少挫折出现的概率呢？以下提供三个技巧：

①增加推销技巧。具备更高超的推销技巧才能应付市场不同的需求，面对不同类型的客户群，正所谓"没有三两三，不敢上梁山"。如果只有一招半式，很难完成各种艰难的任务，原因就在于，商品的销售必须通过人

员的推介才能达到效果，如果不需要推介就可以销售的商品，只要摆在商店的橱窗里就可以了，根本用不着推销人员。因此，在将商品推介给客户时，推销员必须具备各种技巧，尤其是越难销售的商品，越需要技巧才能达到目的。具备足够的推销技巧，心里自然就十分踏实而无所畏惧，加上如能运用自如，挫折与失败当然会越来越少。

②改变销售方式。掌握销售技巧的最高境界是练到销售于无形，做到时时刻刻都在推销，一举手一投足都是为推销在做准备，所以只要遇上困难不妨就另寻一种途径或方式来试试看，相信条条大路通罗马，只要找对方法，就能够进入客户的内心深处，进而推动其购买意愿。

有一位古董商在店门口摆了一支古代铜器，一看就知道是年代久远的古董，但因为老板做人实在，标价都是将本求利，而这件古董由于买入的价格低，标价才八千元。反常的是，这件“便宜的古董”却是乏人问津，后来经过友人深入了解，才知道一般购买古董的人总有种先入为主的观念，认为“贵的才是真品”，而这件古铜器看起来是高价位的东西，但是价格却不相称，因此常人直觉判断这件古董是赝品，而没有人愿意收藏。

在了解了原因后，古董店的老板听从友人建议，将标价提高到三万元，果然隔日马上就卖出去了。

想想看，同样的东西在便宜的时候没人要，贵的时候却抢着买，这是什么道理呢？其实原因就在于商品的价值取决于人的认同感，只要得到买方的认同，价格的高低并不重要，而这位老板就是因为勇于尝试不同的销售模式，才得以成功地售出滞销商品。

③修正自己的心态。如果一味地坚持自己先前认定的观念，常会被视为固执不通或死硬派、死脑筋，有句话说“山不转水转，水不转人转”，这是一种转念的功夫。面对客户的拒绝不应该只解读为自己的能力不够或专业知识不足，而应该转变成另一种想法，将客户的拒绝转变为“由于我的推销将会带给客户利益，因此，拒绝是客户的损失”，如此一来就可以使得

被伤害的心灵得到自我平衡，用合理的解释而得以坦然面对客户的所有不良反应。强化坚强意志力，相信自己一定可以达到目标，挫折感自然会远离你。

（3）以积极的心态应对挫折后的伤害

挫折是一把非常锋利的刀，它会残害你的心灵，打击你的信念，瓦解你的想法，延迟你的反应，所以一定要想办法抚平心中的挫折。在此提供三种方式：

①累积成疾，宣泄得宜。俗语说得好，小病不医成大病，人们如果不断承受许多挫折却没有适当地宣泄，累积久了就会像一直充气的气球一样，到最后因为无法承受压力而爆炸。

根据心理医生的临床实验得知，愉快的心情可以活化细胞，促进新陈代谢；而不愉快的心情却会杀死细胞，使人心情更加沉重，如果挫折感持续扩大，就会出现更大的沮丧效应。因此，当挫折感发生时，马上要寻找适当的发泄方法，不但可以避免挫折情绪的伤害，同时也将有助于问题的解决。

②加强意志控制能力。个人的意志力是掌握行动的主要原动力，所以，学习如何控制自我意志力，其实也就是学习掌控有效的行动力。因为在挫折发生后，最重要的问题是要如何控制情绪，有效的情绪掌控才能发挥处理事物的能力。因此，锻炼坚忍不拔的意志力，也就等于拥有抵抗挫折的能力，在强烈意志力的保护之下，将使得任何不良的情绪无法影响内心的思绪。然而，要培养铁一般坚定的意志力，并非是一蹴而就的，而是必须在不断地挫败中，运用自我激励与发挥自我潜能的心理暗示作用，才能逐步拥有化解挫折的实力，进而达成不忧不惧的应对能力。

③消除挫折形成的原因。要减少挫折的攻击，必须先消除挫折产生的原因，推销员必须将每次挫折的经验，当成是考验自我意志力的时刻，抵抗挫折的打击。在忍受挫折的冲击之后，接下来的工作，就是虚心地检讨

挫折发生的原因，并针对原因进行改善。

例如，一般的推销新手在专业知识尚未熟练之际，便仓促地出去推销产品，很容易被客户看出专业程度不足而被拒绝，这是必然的结果。另外，推销技巧不成熟，也无法免除挫折的打击，遇上这类挫折就必须针对专业能力与销售技巧上的提高下手。然而，如果挫折是因为人际关系不佳，或是思考逻辑有偏差，也必须再重新调整自己的沟通技巧和说话的思维方式，否则原因不除，挫折依然会随着你不当的处世态度和思维而不断出现。

另外，具体到某些细节，卷土重来还应具备一些技巧，例如初访不成，如何再访？掌握一些技巧可以更有效地提高你的销售业绩。

①故意忘记向客户索取名片。这是一种不错的方法，因为客户通常不想把名片给不认识的推销员，尤其是新进的推销“菜鸟”，所以客户会借名片已经用完了或是还没有印好为理由，而不给名片。此时无需强求，反而可以顺水推舟故意忘记这档事，并将客户这种排斥现象当作是客户给你一次再访的理由。

②印制两种以上不同式样或是不同职务的名片。如果有不同的名片就可以借由更换名片或升职为理由再度登门造访，但是要特别注意的是，不要拿同一种名片给客户以免穿帮，最好在管理客户资料中注明使用过哪种名片或是利用拜访的日期来分辨。

③在拜访时故意不留下任何的宣传资料。客户如果不太能够接受但又不好意思拒绝，通常会要求推销员留下资料，等他看完以后再联络，这时候有经验的推销员绝对不会上当，因为这只是客户下逐客令的一种借口——资料给了之后很可能没多久就会被丢到垃圾桶，所以就算客户主动提出要求也要有技巧地推辞，但要在离开之前告知下次再访时补送过来。倘若忘了留下再访的借口，也可以利用其他名目，例如资料重新修订印制完成后再送来给你参考，或是客户索取太踊跃，所以公司一再补印，等我一拿到就送来。

④亲自送达另外一份资料。这份资料必须是客户未曾见过的资讯，专业的推销员应当有好几份不同的宣传资料，才可以针对不同的客户需求提供不同的资料。

⑤当一位资讯收集员。如果发现在报纸或杂志里有刊登与商品相关的消息或是官方公布的统计资料足以引起客户兴趣时，都可以立即带给客户看看，或是请教其看法。

⑥将资料留给客户参考。但是在离开前，必须先说明资料的重要性，并约定下次再见面的时候取回，若客户不想留下也无妨，放下就走，客户就算不看也不敢把资料丢弃。切记约定下一次见面的间隔时间不可太长，否则可能连你也会忘记有这么一件事了。

⑦借由路过此地，特别登门造访。说明自己恰巧在附近找朋友或是拜访客户，甚至是刚完成一笔交易均可，但千万不可说是顺道过来拜访，这点是要特别注意的，以免让客户觉得不被尊重。同时还要注意，不需要刻意解释来访的借口，以免越描越黑，自找麻烦。

⑧找一个自己所专精的问题请教他。这不是要考倒客户，而是要了解客户的专业知识。千万不要找太难的问题，最好能够提出有发表空间的“议论题”。

⑨陪同新同事或直属长官联袂拜访。借由第三者的造访会给客户带来压力，尤其是你的上级长官陪同前往时，更能提高说服力。上级长官协助推销员开拓业绩，会使交易达成的概率大大提高。

⑩逢年过节送上一份小礼物。使用小礼物虽然不是国人常有的习惯，但是在日本却已行之有年，因为这是接触客户最佳的契机。当然，礼物的大小就要自己拿捏了，非常有希望成交的客户才能送较贵重的礼物，否则可能“赔了夫人又折兵”，这是需要先判断清楚的。

总而言之，如何寻找再访客户的借口，用一句俗话来形容，那就是“戏法人人会变，只是巧妙不同。”在销售技巧的领域中，推销方法可以说是变化无穷，没有一定的模式或是规定，只要稍微用心，相信任何人都可以创造出许多独具创意的销售模式，而关键仅在于如何掌握现实生活中人与人之间复杂的人际关系而已。

适当地运用再访技巧，并不是虚伪矫情的行为，这是现代社会的竞争使然，旧式的推销技巧已经失效，新一代的业绩创造者必须要有新的理念与新的技巧，才能在快速进步的市场中占有一席之地。因此学习各种不同的再访技巧与方法，将有助于提升自己的销售能力。

**推销秘籍** 推销员对再访技巧的掌握和态度，就是狼不畏失败、卷土重来的精神。卷土重来不仅可以让狼把握更多捕食猎物的机会，也可以让推销员把握更多走向成功的机会。

## ◆ 你就是王牌推销员

自信，具体来说是这样一种心态：你相信自己的选择是正确的，你相信自己的能力是出众的；你相信自己一定会成功。

乔·吉拉德说，对于销售人员来说，自信是尤其重要的。因为，不可能每一次销售都会成功。你的失败的次数可能很多；不可能所有的老板都赏识你，都给你机会；不可能所有的顾客都会欣然接受你的销售，所以，面对无数次的挫折、失败，你必须要有足够的自信心。

要成为一名优秀的销售员，首先要坚持对自己有信心，相信自己就是无往不胜的王牌推销员。如果连自己都没有信心，连自己都说服不了自己，又怎么能说服顾客、感染顾客来购买你的产品呢?

伟大销售人员的显著特征是，他们无不对自己充满极大的信心，他们无不相信自己的力量，他们无不对自己的未来充满信心。而那些没有做出多少成绩的销售员其显著特征则是缺乏信心，正是这种信心的缺乏使得他

们卑微怯懦、唯唯诺诺。

坚定地相信自己，绝不容许任何东西动摇自己有朝一日必定会在事业上取得成功的信念，这是所有取得伟大成就的人士的基本品质。绝大多数推进了人类文明进程的伟人开始时都经历了多年的黑暗岁月，在这些落魄潦倒的黑暗岁月里，他们看不到事业有成的任何希望。但是，他们毫不气馁，继续兢兢业业地刻苦努力，他们相信终有一天会事业有成。

既然自信是销售新人所必须具备的，也是最不可缺少的一种心态。那么如何才能在客户面前表现出你的自信呢？

你必须衣着整齐，笑容可掬，礼貌周到，对任何人都亲切有礼，细心应付。这样，就容易使客户喜欢你，从而增强你的自信。如此，你的自信也必然会自然而然地流露出来。销售员经常是非常热情地敲开客户家门的，却遭到客户的冷言冷语，甚至无理侮辱，这样自信就很容易消失。

那么，应该如何保持自信呢？这就要看你的自信心是否坚强了。你一定要沉住气，千万不要流露出不满、委屈的言行。要知道，客户与你接触时，并不会在意自己的言行是否得体，而总是在意你的言谈举止。客户一旦发现你信心不足，则对你的商品就更不会有什么好感了。即使他认为你的商品质地优良，很合其需要，见你急于出手，便会使劲儿压价，而这都是因为你失去自信造成的。

由此可见，销售新人必须在客户面前表现出自信。客户通常较喜欢与才能出众者交手。他们不希望与毫无自信的销售人员打交道，因为他们也希望在别人面前自我表现一番。再者，他们怎么能够情愿从一个对自己的销售及商品都缺乏信心的人那里购买商品呢？

如果你对自己和自己的商品充满了自信，那你必然会有一股不达目的绝不罢休的气势。坚持下去，胜利终究属于你。

而不自信，就可能使交易失败。导致自己失败的罪魁祸首就是销售员先失去了信心，产生了自己无法将商品销售出去的想法。

客户对于商品，经常都怀有不满和疑问，因此，在面对客户时，不可以自认为无法销售，或表现出面有难色、懊恼的神情。销售人员如能自我演练，精心计划，相信就一定能卖出商品。一定要相信自己能够获得成功，即使遇到挫折和失败，也不能丧失信心。自信还可以为你的商品增色，对于客户，自信比你的商品还要重要。有了它，你就不愁不会反败为胜。自信的销售员面对失败仍然会面带微笑，他们在失败面前仍会很轻松，从而能够客观地反省失败，找出失败的真正原因，为重新赢得客户而创造机会。

自信会使你的销售变成一种快乐，而不自信的销售员，一定会把销售当作是去受罪，是到处求人的令人厌烦的工作。自信却能使你把销售当作愉快的生活，既不烦躁，也不会厌恶，这是因为你会在自信的销售中对自己更加满意，更加欣赏自己。

那么不自信的人又该如何培养自信心呢?

（1）要有一个全面的自我认识和正确的自我评价。这里的自信，不是盲目的自信，不是超越自我现实的?凭无据的自信，而是在自我认识和自我评价的基础上建立起来的自信。销售新人培养自信心首先要做的事，就是全面而深入地了解自己的各个方面，包括个性、兴趣、特长、知识水平、实际能力、价值观念及过去的成功经验和失败教训等。然后，对各个方面进行分析、比较、判断，弄清自己的长处和短处、优势和劣势、稳定因素和非稳定因素、现实方面和潜在方面等，并将这些方面同自己的销售工作联系起来综合考虑、全面衡量，做出正确、客观的自我评价。

（2）要克服自卑心理和畏惧情绪。缺乏自信的销售新人，要么是自卑心理很重，认为自己什么都不行，甚至觉得自己根本不适合做销售工作；要么就是有畏惧情绪，“怕”字当头，怕销售干不好，怕顾客拒绝，怕商品卖不出去。自卑感和畏惧情绪严重阻碍了自信心的确立，应该加以消除。

心理实验表明，越是惧怕的事情往往越容易发生。销售新人要培养自信心，必须消除畏惧情绪和恐惧心理，以一种超然的姿态正确对待销售工

作中所遇到的问题和困难。问题未出现，要变担忧顾虑为采取积极措施防患于未然；一旦碰到挫折和失败，要勇敢地面对它，从失败中总结教训，从失败中看到成功的希望，失败是暂时的，失败仅仅出现在某次行为或某件事上。对于一名优秀的销售员来说，他内心永远没有失败的阴影，只有充分的自信、必胜的信念。

（3）要在销售实践中加强心理训练，克服不良心理习惯。销售新人要培养自信心，就应在销售实践中不断加强自我心理训练。心理训练的一种有效方法是自我暗示，销售新人可在销售实践中经常进行积极的自我心理暗示，逐步增强自信心。

应该指出的是，培养自信心的心理训练是在销售实践中进行的，离开销售实践只靠头脑、单凭心理活动是难有成效的。熟悉了销售业务、积累了经验、提高了能力，自信心才会产生。从这种意义上讲，销售新人的自信心是在不断吸取销售经验和逐步做到办事胸有成竹的过程中建立起来的，是从销售实践中通过刻苦努力一步步培养起来的。

总之，自信既是销售新人必备的气质和态度，又可说是能倍增销售额的一个妙计，因为自信也有分寸，不足便显得怯懦，过分又显得骄傲，因此，销售人员要善加把握。

**推销秘籍**　自信不是孤芳自赏，也不是得意忘形，而是激励自己奋发进取的一种心理素质，是以高昂斗志、充沛的干劲儿迎接市场挑战的一种乐观情绪，是战胜自己、告别自卑、影响客户、摆脱工作压力的一剂良药。

# 第四章　推销表面功夫要做好

所有从事推销的人，无论刚进门菜鸟还是骨灰级的大佬，形象决定你的推销高度。很简单，顾客不认可你，你说得再好他也听不进耳；只有顾客认可了你，才会进一步接受你的产品。现今同质的商品多如牛毛，顾客的选择余地很大。仅仅依靠商品本身是很难让顾客动心的，顾客愿意掏腰包，多数时候是因为这是“你”推销的商品。

## ◆ 推销从衣着打扮做起

乔·吉拉德说过这样一句话：虽然说穿着打扮只是表面功夫，但作为一个销售人员如果连表面功夫都不做好，还谈什么实际行动呢?

事实上，得体合适的穿着打扮，是对和你打交道的对象的尊重。如果推销员的表面功夫不做足，恐怕连步入实质性推销的机会也会丧失，更别提推销的结果了。推销大师们一致认为，外表的魅力可以让你处处受欢迎，不修边幅的推销员给人留下不良的第一印象时就失去了主动。

史蒂芬是一个出色的推销员。有一次，史蒂芬在一次技术交流会上结识了一位经理，该经理对史蒂芬公司的产品颇感兴趣。两人约定了时间准备再仔细商谈一下。前往公司的那一天，下起了大雨，于是史蒂芬就穿上了防雨的旧西装和雨鞋出门。

史蒂芬到那家公司以后便递出了名片，要求和经理面谈，然而他等了将近一个小时，才见到那位经理。史蒂芬简单地说明了来意，没想到那位经理却冷淡地说："我知道，你跟负责这事的人谈吧，我已跟他提过了，你等会儿过去吧。"

这种遭遇对史蒂芬来说还是第一次，在回家的路上他反省着："是哪个地方做错了呢?"今天所讲的内容应该是跟平常一样魅力十足地吸引客户的呀！怎么会这样呢?他百思不得其解。

然而，当他经过一家商店的广告橱窗，看到自己的身影后才恍然大悟，立刻明白自己失败的原因了。平常史蒂芬都穿得干净、潇洒、神采奕奕，而今天穿着旧西装、雨鞋，看着就像落魄的流浪汉。

对于推销员来说，得体的穿着不是万能的，但不得体的穿着是万万不行的。推销行业处处以貌取人，衣着打扮品位好、格调高的推销员，往往

占尽先机。当然这并不意味着打扮得越华丽越好，对推销员来说，最重要的是打扮适宜得体，这样才能得到客户的重视和好感。适当的衣着是仪表的关键，所以推销员应该注意服饰与装束。

生活中，我们经常看到这种现象：有的女性，长得并不十分漂亮，而且体型也不十分优美，虽然她穿的衣服并不华丽，而都是一些简单、素雅的衣服，可是在这简单、素雅的装扮中，却能显现出她迷人的超凡脱俗的美丽来。

在美国的一次形象设计的调查中，近八成的人根据外表判断人，六成的人认为外表和服装反映了一个人的品味。毫无疑问，服装在视觉上传递你所属的社会阶层的信息，它也能够帮助人们建立自己的社会地位。在大部分社交场所，你要看起来就属于这个阶层的人，就必须穿得像这个阶层的人。正因如此，很多豪华高贵的国际品牌的服装，虽然价格高得惊人，却不乏出手不眨眼的消费者。人们把优秀的服装与优质的人、不菲的收入、高贵的社会身份、一定的权威、高雅的文化品位等相关联，穿着出色、昂贵、高质地的服装就意味着事业上有卓越的成就。

为了在着装时能够得体，以达到一种和谐统一的整体视觉效果，乔·吉拉德告诉你一些着装的基本原则：

1. 要和身份、角色一致

每个人都扮演不同的角色、身份，这样就有了不同的社会行为规范，具体到着装打扮上也有不同的规范。例如当你是柜台销售人员，就不能过分打扮自己，以免有抢客户风头的嫌疑；当你是代表公司与客户谈判，严谨的职业装则是你最好的选择。

2. 要和所处的环境相协调

当人置身在不同的环境、不同的场合，应该有不同的着装，要注意穿戴的服装和周围环境的和谐。比如，在办公室工作就需要穿着正规的职业装或工作服；比较喜庆的场合如婚礼、纪念日等可以穿着时尚、潇洒、鲜亮、明快的服装；悲伤场合如葬礼、遗体告别等，参加者的心情是沉重而悲伤的，所以要素雅、肃穆。

3. 要和自身“条件”相协调

要了解自身的缺点和优点，用服饰来达到扬长避短的目的。比如身材矮小的适合穿造型简洁明快、小花型图案的服饰；肤色白净的，适合穿各色服装；肤色偏黑或发红的，忌穿深色服装；肤色偏黄的，最好不要选和肤色相近的或较深暗的服装，如棕色、深灰、土黄、蓝紫色等，它们容易使人显得缺乏生机等。

4. 要和着装的时间相协调

只注重环境、场合、社会角色和自身条件而不顾时节变化的服饰穿戴，同样也不好。比较得体的穿戴，在色彩的选择上也应注意季节性。如春秋季节适合选中浅色调的服装，如棕色、浅灰色等；冬季可以选偏深色的，如咖啡、藏青、深褐色等；夏装可以选淡雅的丝棉织物。

**推销秘籍** 如果你卖的是宝马，不穿一身质地优良的衣服，怎么和那位富翁打交道？可是如果你卖的是保险，穿着一身价值8000元的西装的话，会让客户觉得一名销售员都穿得这么好，那么他们的商品一定非常昂贵。你昂贵的着装就会让你的商品无人问津．因为档次过高的衣着，会使你的客户主观地认为你卖的商品是昂贵的。

## ◆ 笑口常开好运自然来

笑容是一种表示友好、善意的行为。满脸笑容的人，常常一见面就招人喜欢。推销员在和客户接触时，笑容是一件不用花钱的好礼物。

美国推销大事乔·吉拉德刚从事推销工作的时候，常常为自己有严重

的口吃而懊恼不已。因为他有口吃，导致他的推销严重受阻，但口吃是可以改变的，乔·吉拉德决定改变现状。

一次偶然的机会，一个与乔·吉拉德有这同样口吃毛病的主考官改变了他。这位主考官曾留过洋，在美国专攻过销售，他的身材比乔·吉拉德略高一点，瘦瘦的。

他凝视着乔·吉拉德，说道："你我都明白，口齿伶俐人，在说话上就占很大的优势。因此，访问客户时也容易让对方产生好印象。可是，有口吃的人，即使掌握同样的技术，不，纵然他的能力超过前者很多，由于口吃的限制，在踏出第一步时，无形中已经吃了大亏。你我都属于有口吃的人，为了不输给口齿伶俐的人，在踏出第一步时，该怎么做呢？我想，首先必须以表情致胜，特别是非重视笑容不可，务必显示出发自肺腑的笑容。"

主考官的脸上浮现出笑容，那是一种浑身都在笑的笑容，是纯真感人的笑容，这笑容使乔·吉拉德茅塞顿开。

从那以后，乔·吉拉德开始练习如何笑得更动人。日复一日，月复一月，乔·吉拉德一有空就对着镜子练习。也不知持续了多久，一天，他忽然发现镜中的自己跟以前大不相同了，他的脸大放异彩，细加观察，眼神也有变化，这个发现使他信心倍增。一有信心，与镜中自己对话的训练也就更起劲儿了，他清清楚楚地看出自己的脸孔逐渐有了变化。终于有一天，乔·吉拉德自豪地说："如今，我认为自己的笑容与婴儿的笑容已经相差无几。"

笑，使乔·吉拉德完全破除了内心的自卑。同时，乔·吉拉德善于运用笑的力量，调侃自己也让客户开心大笑。这使他在推销的实践中日益得心应手。

有一次，乔·吉拉德盼望能与当时的财经巨头比尔先生见面，但由于对方是个大人物，直接与他会面，是件非常困难的事情。另外，就算有幸能与他见面又该以什么方式呢？乔·吉拉德遇到了一个难题，他决定按照平时的做法，先倾力于事前调查，然后再考虑对策。

正在为这件事茶饭不思时，一个偶然的机会，乔·吉拉德遇到了比尔先生最赏识的西装店老板。

乔·吉拉德走进那家西装店，订做了一套与比尔先生平常穿的西装、领带一模一样的“装备”。

“比尔先生看了一定大吃一惊的。”离开西装店时，老板对乔·吉拉德说。

乔·吉拉德耐心地等待机会。

一天，乔·吉拉德终于有了与比尔先生正面相对的机会。“比尔先生，您好！”

乔·吉拉德站在比尔先生面前。这是乔·吉拉德一生中最精彩的一次表演。

看到如此穿着的乔·吉拉德，比尔先生一脸惊讶。过了一会儿，他才终于缓过神来。

“哈哈哈……”

一串爽朗的笑声从比尔先生的胸腔里迸发出来。乔·吉拉德呢？只是露出诚惶诚恐的笑容，向比尔先生垂头施礼。

乔·吉拉德后来解释了他的这一做法，他说：“别人为我的冒失而笑，是由于看到我性格上的缺点，在潜意识中产生了优越感，因而对我那些毫无恶意的冒失一笑了之。这与滑稽故事中常常登场的冒失鬼逗人发笑的情况颇为相似。”他又说：“在这一例子中，他是从全然不像他的我身上，发现到始料未及的类似之处，不禁大吃一惊，因而情不自禁地笑出来。”

事后，乔·吉拉德对比尔先生吐露了真情，郑重地向他道歉。不久，比尔先生就成为了乔·吉拉德的大客户。

乔·吉拉德在38岁的时候，创下了世界第一的推销业绩，此后令人惊异地刷新自己的纪录。他是美国第一位国际扬名的汽车大王，其他同行没有人能与之相提并论。从1949年起，连续17年一直是美国“百万美元推销员俱乐部”的会员，后来又被选为该俱乐部的终身会员。乔·吉拉德被誉

为推销“皇帝”，他的成功始于那价值百万美元的笑容。

乔·吉拉德根据亲身体会，总结出笑容的十大魅力：

（1）笑容是传达给对方爱意的捷径；

（2）笑具有传染性，你的笑会引发对方的笑或快感，你的笑容越纯真越美丽，对方的快感就越大；

（3）笑可以轻易拆除推销与被推销之间的栅栏；

（4）笑容是建立信赖的第一步；

（5）没有笑的地方，难出工作成果；

（6）笑容能除去悲伤，能化腐朽为神奇；

（7）将多种笑容拥为已有，就能洞悉对方的心理；

（8）婴儿的笑容最诱惑人，因为它天真无邪；

（9）笑容能弥补自己的不足；

（10）笑容能增进健康，增加活力。

正所谓英雄所见略同，美国成功学家戴尔·卡耐基对笑容也有深刻的认识，他说：“只要有办法使对方从心底笑出声来，彼此成为朋友的路就展现在你眼前。对方与你一起笑，意味着他承认并接纳了你。”

**推销秘籍**　笑容是人和人交往最通用的语言，在推销员和客户的交往过程中，笑容起着重要的沟通作用。和客户第一次接触时，脸上灿烂的笑容往往能够让客户放松对推销员的戒备。没有几个人会拒绝笑脸相迎的推销员，人们只会拒绝满脸阴沉、显得十分专业的推销员。

## ◆ 用火热的心感染你的客户

乔·吉拉德曾经说过：“缺乏一颗火热的心，就无法成就任何一件大事。”现实生活中，人们不管做什么事，没有一颗热心都是难以做成的。一颗热心是一种昂扬的精神状态，是一股为了达到一个目标不懈追求的激情，热忱可以感染你身边的人，赢得他们的尊重以及帮助。

当热忱的火把点燃，再用自信心不断给其加油，你的身上就会汇集一股不可抗拒的力量。这种力量足以让你克服一切困难险阻。在推销中，将你的这一份力量传达给每一个客户，就可以激起他们的购买欲望。

一颗热心是一种力量，它可以促使客户更快地接受你。同时，热心也是可以传递的：你的热情可以有效地感染客户，使其与你的热情一致，共同融入和谐的气氛之中。热心的力量远远超过金钱与权力，它可以战胜时间所有的偏见与敌意。一个成功的推销员，应该把热心变成一种习惯，而不只是一时的热心。当我们养成习惯时，习惯就会成就我们的未来。现在，就让我们改变这种现状吧——

1. 随时养成坐到前面的习惯

任何集会的时候，后面的座位都会先坐满。这个现象相信你也亲自体验过。大部分人喜欢坐在后面，或许是因为不愿意太显眼。可要知道，这种态度却使他自己显得畏缩不前，在别人看来，这就是消极成性，热忱不足。如果养成主动坐到前面的习惯，这个态度就会带给你热忱与自信。

2. 养成凝视着对方交谈的习惯

凝眼注视对方，等于告诉对方：“我是正直的人，对您绝不隐瞒任何事。我对您说的话，是我打心底里相信的事。我没有任何畏惧，我对自己充满了信心。”

3. 走的速度比别人快 20%

以比别人快 20%的速度走，到底代表了什么？心理学家说，一个人改变动作的速度，就能把自己的态度连根改变。走路比一般人略快的人，等于告诉所有的人说：“我正要赶到有要事待办的地方。我必须去做很重要的事，不仅如此，我要在到达之后 15 分钟内，把那件事办成功。”

4. 主动发言

在会议上，你必须养成主动发言的习惯。越能主动发言，热忱与自信也就越能“如影随形”，有增无减。这种现象，会使你更容易继续与对方谈下去。

5. 大方、开朗地微笑

当你微笑时，请别忘了要大方、开朗。诚心不足的微笑，或是半途刹住的微笑，必须列为禁忌。大方、开朗到露牙而微笑，才能吸引对方，使对方对你产生好感，从而是自己的销售业绩上涨。

**推销秘籍**　一颗热心是一种意识状态，能够鼓舞及激励一个人对手中的工作采取行动。其实，不仅如此，热情还具有极强的感染力，不仅仅对怀着热情的人产生重大影响，还会感染所有和他接触的人。

## ◆ 握手也是一门学问

相信每一个都有过和别人握手就像拿一块猪肉的遭遇。作为推销员，你每天都有机会遇到这样敷衍了事随便握手的人，和这样的人握手就好像是手里握着一块猪肉那样的感觉。这里指的是别人和你握手时并没有紧握住你的手的意思。不少推销员在和别人握手时，也是这样敷衍了事。

你今天是否热诚地握过别人的手？还是你也是敷衍了事解决问题呢？你知道从一个人握手的方式可以看出许多关于这个人的“内幕”吗？

20 世纪时在与女士握手时，礼貌上是不会紧握着女士的手。然而，随着时代的改变，在这个推销业的新纪元里，女推销员在这个行业里也相当活跃，而且她们在与别人握手时也表现出和男推销员一样的方式，她们会紧握住别人的手以示重视。

同理，作为男性推销员，同样应该紧握住女性客户的手，以示热情。但有两点需注意：一是不要握疼了女客户的手；二是不要握住女客户的手“舍不得”松开。

乔·吉拉德介绍了推销员握手的三种方式：

1. 展现热忱型

这种方式取自于鱼缸离开水面时仍活蹦乱跳的意象。用这种方式握别人的手通常是个有高度学习欲望，并且充满活力、热诚和时常追求新知的人。当他紧握着别人的手时，也同时传达了你的热忱。虽然你握得很紧，但不至于弄痛别人。并且在你握着别人的手的同时，会看着对方的眼睛表示尊重。

2. 中规中矩型

这也是另一种常见的握手方式。这种人只会轻轻地握着别人的手，一秒左右就将手抽开。他的羞怯可能是因为并不想和别人太过亲密之故。这种握手方式通常是暗示，他对于这个初次谋面的人感觉不自在。他试图用这种勉强的方式筑一道肉眼看不到的墙来保护自己。如果你的客户用这种方式和你握手，你必须多给他点时间来放松他对你的戒心。你不妨借一些较为柔和的话题来缓和他的不安。例如问你的客户一些关于他的公司、生意、家人或嗜好等问题。

3. 蜻蜓点水型

就像蜻蜓点水一样，轻飘飘地握了一下对方的手，旋即松开。对于推销员而言，这是你该避免的一种握手方式。如果你用这种没有感情、毫不在乎的握手方式来推销你的产品，你将给别人一种冰冷又严肃的感觉，你的客户可能因此而再也不敢握你的手了。用这种方式握手的人透露出他不满意的信息，他对自己之前所做的事缺乏兴趣，表现出一付无所谓的态度。

总之，去试着握你朋友、亲人的手，然后问他和你握手的感觉如何。除非通过别人，否则你绝不可能知道自己是用哪一种方式握手的。

**推销秘籍**　握手是一种礼仪，但人与人之间、团体之间、国家之间的交往都赋予这个动作丰富的内涵。一般说来，握手往往表示友好，是一种交流，可以加深原本有隔膜的情感，可以加深双方的理解、信任，可以表示一方的尊敬、景仰、祝贺、鼓励，也能传达出一些人的淡漠、敷衍、逢迎、虚假、傲慢。

## ◆ 抛弃恶习，成就事业

在生活工作当中，每个人都有自己的行为习惯，但有些坏习惯会成为你实现目标的障碍。虽然它们不像酗酒和吸毒具有那么明显的破坏性，但绝对会阻碍你取得事业的成功。

马来西亚的前国家足球守门员新屋冲是马来西亚众所皆知的英雄，他有个外号叫作蜘蛛人。他曾经多次助国家队赢得国内和国际比赛的冠军，也是马来西亚所有运动员的楷模。

某一天，新屋冲和友人在吉隆坡的街上散步，突然他们看到一群人挤在一栋建筑物前议论纷纷。于是他们走近人群并且挤到最前面想看看究竟发生了什么事情。原来，前面的一栋二层楼的购物中心着火了。

当时，一楼已被火吞噬，熊熊的烈火正向二楼窜去。消防人员尚未赶到现场。有一位妇人在二楼窗口求援，但楼下围观的人群全都束手无策。那位妇人的手中抱着一个已经哭得声嘶力竭的婴儿。

新屋冲建议那个妇人将小孩抛下楼来，由他在楼下用手接住。这个建议虽然要冒很大的风险，但是在那样危急的情况下，似乎是最好的方法了。于是新屋冲大声请在场的人保持安静。此时，大火更加猛烈地向上窜去。

新屋冲大声地对着那位妇人叫道："太太，你为什么不把孩子丢下来？我是国家队守门员新屋冲。你相信我一定可以接到你的孩子。"这位妇人认出他之后，点头示意她会照他的话去做。

于是新屋冲请众让出足够的空间来让他接那妇人的小孩。在场的人表现出了高度合作的态度。

新屋冲再次对那个妇人叫道："当我数到三时，你就将孩子丢下来。你懂了吗？"接下来，众人以如雷贯耳的洪亮声音开始数"一、二、三"，数到"三"时，妇人将孩子丢出了窗外。此时，新屋冲全神贯注地望着这一切，然后纵身一跃接住了向下掉落的孩子。

当他成功地接住了孩子的时候，全场的人都为他欢呼鼓掌。

新屋冲听到掌声，本能地放下了手中的婴儿，然后用力地踢了出去——那正是他的习惯。

这个故事告诉我们，无论一个人的习惯是好还是坏，那全是重复某一种动作的结果。

有一些推销员之所以能在推销行业成功的原因即在于他们有好的习惯。许多有坏习惯的人似乎不曾注意到自己有哪些坏习惯，因为他们根本就没有意识到这些坏习惯的存在。

因此，乔·吉拉德认为指出一些推销员自以为有趣却使他们的客户倒足了胃口的坏习惯是很有必要的。

1. 眼珠子转个不停的人

这是不论男人和女人都常有的坏习惯。有时候，这种人并不知道什么时候该将他们的目光集中。一位男的业务员在谈生意的过程中，将他的目光盯在走过身旁的一位美女身上而因此分了心。他的注意力由他的客户转移到那位美女的身上，他忘记了自己正在说的话和做的事。

你难道不认为你的客户会因此而觉得自己是局外人而有被忽略了的感受吗？这是不是意味着你的客户不重要呢？如果你忽略了你的客户，这绝对是个严重的错误。

2. 打探隐私的人

一位推销员问了一位超过 35 岁的女士一个私人的问题："请问你与你

先生的感情好吗?”这绝对是不明智的做法。

因为当你触及别人隐私的问题时，有一些客户会因此而感到不悦。另一个例子则是有一位推销员在推销建材时爱打听客户的年龄。事实上，有些客户(特别是女士)很讨厌别人问自己的年龄。

当然，还有其他客户不喜欢的话题是我们应该要特别注意的，因为对客户而言，可能有某些特定的事情是属于私人隐私的范畴。例如：客户的外表、宗教信仰、生活细节或是政治立场等都可能属于此类。所以，当你和客户谈话时，千万要小心处理这些细节。

3. 表现出错误形象的人

常常会看到许多推销员犯这样的错误：汗如雨下在匆忙间冲进客户的办公室。这个推销员或许正因为东奔西跑而汗流满面，但不管怎样，这样的形象并不会使别人对他有任何的好感。

事实上，这样的人会令人生厌，尽管大部分的客户并不介意推销员汗流浃背，但是他的汗臭味就难以忍受了。所以，你应该好好地打点你自己的形象，尽可能将你最好的一面呈现出来。

4. 无故敲击桌面

如果有人用指头在桌上敲敲敲，相信你一定会感到很不舒服，也许他曾以为自己是在弹钢琴。许多推销员并不知道当他们和客户面对面谈生意的时候，自己的坏习惯会使客户恼羞成怒。

**推销秘籍** 无论你和客户有多熟，在他的面前表现出你的坏习惯是非常不专业和不明智的做法。你的坏习惯只会导致你失败。你不妨将自己所有的坏习惯全记在一张纸上，然后努力去改掉。如果你不再有一些怪毛病、坏习惯，那么，恭喜你，你已经胜过许多人了。

## ◆ 在名片上花点心思

汽车推销大王乔·吉拉德有这样一句话："如果我只能依靠一样推销工具来做生意，日子一定不太好过。我之所以有今天，是因为我总是在使用各种有用的推销工具。但是，如果有一天一定要我做出这种不可能的选择，即只选一种工具的话，那么，在众多的推销工具中，我可能会选择名片卡。我所说的名片卡，并不是经销商印刷的那种名片，他们把推销员的名字印在名片的角落上，不惹人注目。我有我自己的名片，格式非常特殊，我的名字十分醒目，甚至上面还有我的照片。"

这位世界上最伟大的推销员之所以在名片上如此下功夫，是因为名片虽小，却是一件现代社会中人与人建立关系、拓展事业的社交工具；尤其对于推销员来说，更是一件有力地推销自己的工具，它记载着推销员的身份地位与联系方式。客户拿到名片，如果他留下并查看，就会知道你，知道你是销售什么产品的。如果你认为将自己的名片发给客户是一件非常愚蠢和尴尬的事，那么你便永远无法让你的客户有机会认识你，自然也不会对你的产品生出兴趣和购买的动机，以及发生购买的行为。所以，缺少了名片，就等于大大减少了与他人展开进一步合作的机会。

基于名片的重要性，推销员在名片的制作上一定要花点心思。名片代表着递出名片的人，如果你的名片和其他推销员的大同小异或者极其粗糙，那么它就无法帮助你在第一回合传达特殊信息以吸引客户的注意力。别出心裁的名片往往能吸引潜在客户的注意，如果你的名片设计独特，极富个人特色，那么势必会引起客户的好奇，对你的言谈举止也会特别留意。大凡成功的推销员，他们的名片都有其与众不同之处。

1969 年进入丰田汽车公司的椎名保文仅用 4 年的工夫，就卖出 1000 辆汽车，颇让同僚瞠目。当他在丰田"摸爬滚打"17 年后，他的名片上印着这样一段话："客户第一是我的信念，在丰田公司服务了 17 年之久是我的

经验，提供诚恳与热忱的服务是我的信用保证。请您多多指教。”而且，这段文字是手写体的。

这张名片比一般的名片大两倍，除了公司的名称、住址、电话以外，上方还写着“成交5000辆汽车”，并贴着一张椎名保文两手比成V字的上半身照片。

名片的背面，印着椎名保文的简历，上面写着“1940年生于福岛县”及前文所提推销汽车数量的个人纪录，末尾则记着他家的电话号码。这种让人一目了然的“自我推销”工具，可以说是他成功的秘诀之一。

懂得利用名片打开交际市场的优秀推销人员大有人在，让我们再来看一个例子。

日本有位推销人寿保险业务的S先生，在名片上印着一个数字——“76600”。客户接到他的名片时，总是问他：“这个数字是什么意思？”

他就反问道：“您一生中吃了多少顿饭？”

几乎没有一位客户能答出来。

S先生便接着说：“76600顿饭嘛！假定退休年龄是55岁，按日本人的平均寿命计算，您还剩下19年的饭，即20805顿……”

通过这种方式，他总能诱导一个本来不愿参加人寿保险的人深刻感受到人寿保险的必要性，从而签订契约。

这就是在自己的名片上多花心思的巨大力量。推销员名片的设计，完全可以遵循自己的喜好和意愿，但若是对于客户的日常生活能有所帮助的设计，则更能引起客户的注意。可以在名片的背面印制用以长期保存的资料，例如印上年历，当别人收到时最起码会将之保存一年以上；金融业可以印利率折算或复利计算公式；房屋中介业可以印上坪数换算公式；健康食品业则可选择用红外线卡来印制名片，拿到名片的人可以用这张卡的红外线功能，来消除香烟的尼古丁，促进血液循环，这些都是不错的方法。

当然，除了外观设计要有特色，对名片的内容更要仔细对待。名片虽然小，但一定要在有限的空间里体现它的五脏俱全，充分体现自己的基本资料，其中必须包含你公司的名称、地址、电话、传真、营业项目、统一编号，甚至包括公司或个人的 E-mail 信箱。此外，如果能将自己的私人电话、籍贯、血型、星座、嗜好、专长等印在名片上，往往更能引起他人的注意，提高名片的宣传效果。

另外，大多数推销员也会在自己的头衔上做点文章，因为有头衔就等于有了定位感，太低阶层的职位很容易让人感到自卑。较高的头衔有时候可以加强推销员表面上的专业说服力，例如使用“咨询顾问”会比使用“交易员”的职称来得好，用“研究专员”也会比“营业员”来得专业些，这对营销的推广是有助益的，所以许多奇奇怪怪的头衔纷纷出笼，除了传统的“董事长”“总经理”“经理”“副理”之类的职称外，一般常看到的职称有许多都是语意模糊，像是“总裁”“总监”“首席”“公关”“区域代表”“商务代表”，等等。不过，名片上的职称最好还是以明确大方为原则。另外，较高的管理阶层有时候也可以印一些没有职称的名片，以免招惹无谓的困扰或是麻烦。

另外，推销员还要准备一个精美的名片夹。名片如果散乱地任意放在公文包里一定容易弄脏，推销员必须要有保持名片清洁的习惯，将名片放在盒中不但便于携带，而且拥有一个漂亮的名片夹，可以带给别人良好的印象，塑造专业、值得尊重的形象。因此，对于那些有摺角或有污点的名片，宁可不用，也不要随意散发给你的客户。名片就如同我们的外表一样，如果不小心摺角或沾到汗渍、污点，千万不要送给别人，宁可留下不用，另外找一张干净的名片替换上，否则这种名片拿给他人，别人的感觉一定不愉快。所以，平时拿名片时最好擦干净自己的手指头，或者在名片夹中间放一张面巾纸，每次拿名片时，可以顺手擦试一下，避免手指的污渍印在名片上。

关于名片，乔·吉拉德还有一种习惯，就是无论何时何地只要遇到一个人，便会马上递上自己的名片。这是因为，他认为他的周围到处遍布着

做生意的机会。

广泛运用机会发放名片，可以增加许多接近客户的机会，因为每一张名片都可能是一次商机，例如参加酒会、开幕式、聚会或拜访的活动时，不要放过任何一位可能的准客户，纵然对方已经是见过好几次面的朋友，同时也表示已经拥有你的名片了，仍然可以再发一次（因为他可能只是敷衍你，其实名片早就丢掉了）。这样做绝对可以增加你销售成功的机会。

一个年轻人在房屋中介公司做推销员，在一次开发客户的机会中，他除了努力地说服客户以达成代售的目的之外，还不断地借参观房子的机会到处散发自己的名片，例如桌垫底下、电视机上、电话旁……甚至连衣柜和木橱都不放过。

这笔交易最终因为屋主的犹豫而没有谈成，不过在一段时间之后，屋主又急着要买房子，忽然在枕头下发现了这位推销员的名片，于是很自然地打电话给他，最终顺利地签下了合同。

还有一点需要强调，就是关于索取、接收和整理他人名片的一些注意事项，这些对于推销员的销售工作都是有巨大帮助的。

1. 敢向对方要名片

与人交换名片之后，务必也要拿到对方的名片。如果交换名片时，对方无意递出自己的名片，只是仔细端详你的名片，你应该当场勇于提出要求。万一对方表示没有名片或是忘了带名片，也必须请他留下联络的方法，以便将来有机会借要求赐教名片为由进一步接触，增加销售的机会。

2. 称赞对方的名片

衷心地称赞对方的名片设计精美、印刷大方，是一种礼貌的行为，因为名片就如同一个人的人格与外貌一样。任何人都希望得到称赞，直接称赞他本人还不如借由对名片的恭维来得贴切些。

3. 看不懂要马上问

有些名片接到手时，你可能会因为其中有不熟悉的地方或是较不常见的特殊文字而感到困惑，这时就应该不耻下问，以免将来不知如何称呼，甚至念错字。相对的，如果自己的名片上也有比较难念的字，可以标注拼音符号来提醒他人，减少困扰。

给对方名片的时候为了表现尊重，应该以双手拿住名片的两边，并将文字的正面朝向对方，以便对方拿到名片时阅读。

4. 记录名片资讯

收到别人的名片时，若有需要记下一些资讯，可以当场征求对方同意，在名片空白处写下见面的时间、地点以及谈话的内容或是个人特征、职称、嗜好等，如果谈到很精辟的话语，也可以马上记录下来。另外，是经由何人介绍而认识的朋友也要一并写下来，以便将来可以立即回想起当时的情况。

5. 整理归档

在收集了许多名片后，如果一段时间不加以整理分类，将会十分混乱，而失去原先名片提供资讯的功能，所以归类与分别整理是很重要的事。通常分类的方式有依时间、行业或姓名顺序，以及区域或关系性质等，而且在过了一段时间之后还必须重新整理与替换，有些已经不存在的公司或个人名片应该销毁，以免名片数量过多，整理起来更加困难。

**推销秘籍** 小小的名片，所要花的心思，所要下的功夫，绝对不要少于其他的准备工序。关于拜访前的准备工作，你做得越多，成功之于你的回报也就越大。

## ◆ 耐心处理客户的不满

抱怨是每个推销员都会遇到的，即使你的产品好，也会受到爱挑剔的顾客的抱怨。不要粗鲁地对待顾客的抱怨，其实这种人正是你永久的买主。

松下幸之助说："顾客的批评意见应视为神圣的语言，任何批评意见都

应乐于接受。”正确处理顾客抱怨，具有吸引顾客的价值。美国一位销售专家提出了一个公式：正确处理顾客抱怨——提高顾客的满意程度——增加顾客认牌购买倾向——丰厚的利润。

倾听顾客的不满，是推销工作的一个部分，并且这一工作能够增加推销员的利益。对顾客的抱怨不加理睬或对顾客的抱怨错误处理，将会使推销员失去顾客。美国阿连德博士1982年在一篇文章中写道：在工商界，推销员由于对顾客抱怨不加理睬而失去了82%的顾客。

推销员为了在感情上接近抱怨的客户，稳定对方的情绪，应该采取相应的应对措施，分散客户的注意力，尽量避免购销双方可能出现的冲突。所有这些办法和措施，在推销界被誉为屡试不爽的“缓兵之计”。

一、感谢顾客的抱怨。顾客向你投诉，使你有机会知道他的不满，并设法予以解决。这样不仅可以赢得一个顾客，而且可以避免他向亲友倾诉，造成更大的伤害。

二、当人感情冲动时，大脑神经处于微度兴奋的状态，心跳加快，有人双手颤抖、呼吸急促，有人甚至捶胸跺脚、又蹦又跳，为的是疏散心中的闷气。为了使冲动的客户辟快平静下来，推销人员应热忱招呼他们坐下来诉说抱怨。仔细倾听，找出抱怨所在。推销员要尽量让顾客畅所欲言，把所有的怨愤发泄出来。这样，既可以使顾客心理平衡，又可以知道问题所在。推销员如果急急忙忙打断顾客的话为自己辩解，无疑是火上浇油。倾听时要郑重其事地把对方的意见记下来。做好抱怨记录，既有助于购销双方建立一种友好的交流洽谈气氛，又可以使客户认为他们的意见受到了某种重视，没有必要再吵闹下去。一份完整详尽的抱怨记录，将使得推销一方更好地接近客户，了解客户的真实信息，沟通购销双方的意见，并为自己下一步更妥善地处理抱怨提供参考依据。

三、友善地握手，给人以诚相见的印象，这是推销人员面见客户的应有礼节。正确的握手姿势与力度，可以控制抱怨客户的情绪，起到镇定的作用，解除对方可能指手划脚的“企图”，使得双方动口不动手。客户如果一时拒绝握手，推销人员可以借故反复多次试握，主人盛情难却，现场气氛很快会融洽起来。在条件许可的场合，推销一方对抱怨的客人可以略施恩惠，以示安慰，比如敬一支香烟、泡一杯热茶、递块儿糖果，等等。在日常生活中，我们可以看到这样的情景，一批旅客预订了旅馆客房而无法马上入住，因为前面的客人刚刚退房离店，服务员正在房间里整理清扫。拎着大包小袋从外地赶来的旅客在走廊上大发牢骚，怨言不断。经验丰富的经理见状，立即请客人到自己的办公室暂时休息，并给每位客人沏上了一杯热气腾腾的歇脚茶，受敬使人气平，受礼使人气消，在场的客人连声道谢，再多等一会儿也不会发火生气了。

四、凡打算上门抱怨的客户，大多喜欢争取旁观者的支持，在公众场合抱怨发牢骚的客户也是如此，现场人越多，他们的指责越苛刻离谱。所以，一旦碰到年轻气盛的客人上门诉怨，推销员应迅速将当事人带离现场，或到办公室，或到人群稀少的清静处商淡问题，莫在公众面前与之争辩。因为在大庭广众面前，推销员纵有十种百种理由来解释说明，客户也认为自己“得道多助”。应急的一种办法是当面向客户表示求得谅解之意，这是与客户联络感情的有效方式。如果不能表示完全的同情，推销员至少也应该在某一点上持谅解的态度，设想可以这样对客户解释：“多亏了你的指点……你有理由不高兴……”“对这个问题我也有同感……”“感谢你对这个问题的提醒……”这样的对话往往使抱怨的客户感到息怒消气。

五、对于某些客户提出的抱怨，一时很难找到其中的真正根由，有些抱怨纯属虚构，根本无法给予圆满解决。碰到此类情况，老练的推销员大多采取拖延的办法，把眼前的纠纷搁置一旁，暂缓处理，比如答复对方：“我马上去你厂调查一下情况，明天给你回音。”“等厂长回来后我们研究研究，保证解决你的问题。”特别是遇到冲动而性急的客户，不要急于马上着手处理抱怨，以免草率行事。推销人员可以先停顿一下，暂且与客户谈点

别的话题，例如天气、社会新闻、对方情况等，目的是使客户平心静气地提意见，理智地谈问题，这种方法也能有效地对待和处置客户的抱怨。

在推销活动的每一个阶段，语言都占有重要的地位，在处理抱怨的工作中亦不例外。推销人员措辞应对的疏忽大意，会造成抱怨客户的抵触与不满。

比如，我们听到平时讲话中常有这样的说法："这是一个误会……""大概老兄搞错了吧……""事实上不是这么一回事……""我自己亲自证实一下再说……"面对这些说法，客户很可能会火上浇油。有时，为了平息客户的怨气，一些推销员采取息事宁人的做法，表面上是安抚对方，但由于用词不当，效果反而适得其反，比如"真是这样的吗？'就是为了这么一点鸡毛蒜皮的小事？'没有你说的那样严重吧？"这类话语不说倒罢，一说反而会引起客户的误会，给人造成的印象是客户错了，责任在客户身上。

有时，退换退赔的要求超出了实际界限，推销一方往往不愿接受这种过分的要求，如果当面表示断然拒绝，甚至流露出是对方有意敲自己的竹杠，就会导致购销双方当事人的情绪对立，最终受损失的一方还是卖方。推销员不要急于表明自己的"清白"，更不能马上指出责任在客户身上，而是要细心引导，循循善诱，设法让客户自己去得出结论。

精明的推销员总是回避直接讨论退、赔等问题，而是从分析入手，逐步明了购销双方的各自责任，剔除其中抱怨夸大的因素，最后得出双方都能接受的条件。客户提出的过分要求，绝大多数是因为对方不了解具体情况，而不是有意的敲诈。

一般来说，客户的要求并非像人们想象的那么苛刻，与已达成的协议或交易来说，退换退赔的数量与项目是十分有限的，不近情理的耍赖型客户毕竟属于极少数。推销员应从大局出发，不妨自己吃一点小亏，退一步是为了进两步，接受客户提出的合理要求；反之，如果拒绝对方的某些合理要求，有时会给人以不通情理、吝啬小气的感觉，于已也不利。

再退一步分析，推销员接受对方的某些不合理要求，也会使客户感到内心的愧疚而转向合作，当退换赔偿要求得到满足之后，客户从感情上和行动上更加贴近推销员，将成为日后的忠实买者与长期用户。

**推销秘籍** 客户的不满情绪的产生必有他的道理，推销员在这时必须耐心谨慎地处理，以防不良事态的继续扩大，避免对交易造成不良影响。这也是为客户尽心服务应有的良好态度。

## ◆ 对待客户的异议要注意

现实中，难免会遇见客户对产品或售后服务人员提出异议的情况，有时，客户甚至会大动肝火，态度强硬，这是售后服务中最棘手的事情之一，然而问题就是机遇，如果能有效地处理好此类事情，就能让客户感到满意。

因为客户有异议、有不满，表明他们对企业或销售人员仍有期待，希望企业及销售人员能改进服务水平，因此，一旦他们的问题获得圆满的解决，其忠诚度会比从来没有遇到问题的客户更高。其实，客户的异议并不可怕，可怕的是不能有效地化解异议，最终导致客户的流失。

乔·吉拉德很善于揣摩客户的心理。有一次，他上门推销的时候碰到一位十分苛刻的商人，按照以往他对待前来推销的人的态度来说他通常会把自己拒之门外。

为了应对这种情况，乔·吉拉德仔细分析了双方的具体情况，想出一条推销妙计。当乔·吉拉德登门求见那位客户时，双方一见面。还没等客户说什么，乔·吉拉德便很有礼貌地说："我早知道您是个会做生意的人，对我今天上门拜访您肯定会提出不少异议，我很想听听您的高见。"

乔·吉拉德一边说着，一边把事先准备好的18张硬纸卡摊在客户的面前。“这是所有客户对我们产品各个方面的异议。请随便抽一张吧！”

那位商人从乔·吉拉德手中随意抽出一张卡片。见卡片上写的正是客户要对推销员提的异议。

当客户把18张写有客户异议的卡片逐个读完之后，乔·吉拉德接着说道：“请您再把卡片纸翻过来读一遍。”

商人一看，原来每张卡片的背后都标明了乔·吉拉德对每条异议的辩解理由。那位商人认真看完了卡片上的每行字，最后忍不住露出了平时少有的微笑．他对办事认真又成熟老练的乔·吉拉德开口了：“我的问题你在这上面都已经写得很清楚了。既然你们已经都解决了，我也没什么不放心的。”

解决了客户的所有异议，客户当然就没有拒绝的理由了。乔·吉拉德在推销过程中面对什么样的客户，就要想出什么样的应对措施，只有全力解决客户的异议，一切就都迎刃而解了。

处理客户异议是一项复杂的系统工程，尤其是需要经验和技巧的支持，要妥善处理好这类事情绝不是一件容易的事情，如何才能处理好客户的异议呢？在遇到客户异议时，我们应该如何做呢？

第一、让客户发泄。要知道，给客户充分的空间发泄后，他的愤怒自然就会消褪下去了。毕竟客户发泄的最终目的是引起售后服务人员的注意，尽快地把他的问题解决掉。因此，当客户发泄时，你最好的处理方式是闭口不言、仔细聆听。当然，你也不能让客户觉得你在敷衍他。要保持情感的交流，从客户发泄的话中找出他遇到的问题。

第二、充分地道歉，让客户知道你已经了解了他的问题。向客户道歉并不意味着你就做错了。客户的对错不重要，重要的是我们该如何解决问题。因此我们没有必要固执地把焦点集中在谁对谁错上，而是要向客户说，你已经了解了他的问题，并请他确认是否正确。

第三、收集事故信息。客户有时候会自动省略一些重要的信息，有可能是因为他们认为这并不重要，又或者他们恰恰忘了告诉你。当然，也有的客户知道自己在使用产品的过程中也有错而刻意隐瞒。你要做的就是尽可能详细地了解当时的实际情况。

第四，收集事故信息意味着你还要搞清楚客户到底想要达到什么样的目的？要做到这些，你就必须知道问什么样的问题、问多少问题、然后认真倾听并回答。第四，提出解决办法。针对客户的问题，提出相应的解决办法，是我们售后服务的根本。因此，这是十分重要的一步。

第五，询问客户的意见。客户的想法有时和售后服务人员想象的差许多。也许你自以为先让客户提意见是对客户的尊重，客户更容易被满足，其实，有时候客户提出的解决方案根本无法执行，因此你最好在提供了解决方案后再询问客户的意见。如果客户的要求可以接受，那最好的办法是迅速、愉快地满足客户的需求。

第六，跟踪服务。要知道，应对客户的异议时，并不是处理完成后就万事大吉了。就算前面的五步你都很好地完成了，也只能表明你是优秀的，但如果你继续对客户进行跟踪服务，你就会成为出类拔萃的人才。

处理客户异议时，除了要从以上六步出发外，还应在整个处理过程中运用一些技巧：

第一，多一点耐心。在实际处理问题的过程中，要耐心地倾听客户的异议，不要轻易打断客户，更不要批评客户的不足，而是应该尽量鼓励客户尽情表达心中的不满。当客户的情绪得到了，发泄之后的满足，就能够比较自然地接受你的解释和道歉了。

第二，保持好的态度。客户有异议就表明他对企业的产品及售后服务人员的服务不满意，他们会觉得他们吃亏了，因此，如果在处理过程中态度不友好，会让他们感到更不满，从而恶化与客户之间的关系。反之，如果售后人员态度诚恳，礼貌热情，就会降低客户的抵触情绪。从而促使客

户心平气和地、理智地与服务人员协商解决问题。

第三，动作迅速一点。处理客户异议的动作快有四点好处：其一，可让客户感觉到尊重；其二，来表示我们解决问题的诚意；其三，可以及时防止客户对企业及销售人员的负面宣传；其四，可以将损失减至最小，如停车费、停机费等。一般而言，接到客户的人员，应马上询问其具体问题，然后在企业内部协商好处理方案，最好当天给客户答复。

第四。语言要得体。客户感到不满，自然会出现言语过激的行为，如果售后人员与之针锋相对，势必会使情况恶化，要尽量用婉转的语言与客户沟通，即使客户存在一些处理不合理的地方，也不要过于冲动。否则，只会使客户更加不满地离去，使企业的损失扩大。

第五，补偿多一点。客户存有异议，很大程度上是因为他们使用产品后，感觉到利益受损，因此，客户抱怨或投诉之后，往往会希望得到补偿，因此无论是从物质上还是精神上，给客户多一点补偿，让客户得到额外的收获，他们会理解并再次建立起对企业对产品的信心。

作为推销员，我们要谨记：销售本身更是一个概率游戏。销售人员要有在不同的情境中，灵活应用各种技巧来面对不同类型的客户，满足不同类型客户的需求的能力。

**推销秘籍**　作为推销员要谨记：销售人员要有在不同的情境中，灵活应用各种技巧来面对不同类型的客户，满足不同类型客户需求的能力。这样将极大程度地提升成交概率，最后提升销售业绩。

# 第五章　练就永远向前的品质

成功的推销员其心目中始终有这样的信念：不怕风险，不怕挫折，不怕任何艰难困苦。这不但需要毅力地推动，也更需要胆识地支撑。从这一意义上说，成功的推销员必是百折不挠的勇士。除了战略、战术上的需要，不会因畏惧眼前的形势而退缩，不会因受到一时的挫败而气馁。百折不挠，永远向前是成功推销员身边永不消失的号角。

## ◆ 你的字典里没有“退”字

有些人遭到了一次失败，便把它看成拿破仑的滑铁卢，觉得世界上的人都在笑话自己，从此灰心丧气，甚至干脆放弃。可是，在刚强坚毅者的眼里，却没有所谓的滑铁卢。那些一心要得胜、立志要成功的人即使失败，也不以一时失败为最后之结局，还会继续奋斗，在每次遭到失败后再重新站起，比以前更有决心地向前努力，不达目的决不罢休。

乔·吉拉德说过，一个伟大的推销员是绝对不会轻言放弃的，他只会一次次地坚持，直到成功为止。他们的字典里没有“放弃”二字，也没有不可能、办不到、没法子、成问题、行不通、没希望……这类懦弱的字眼。他们不会心生绝望，一旦受到它的威胁，立即想方设法向它挑战；他们辛勤耕耘，忍受苦楚，放眼未来，勇往直前，不理会脚下的障碍。他们坚信，失败的尽头就是成功。

人生如战场，试想一下，如果你身临战场，当你遇到困难和敌人时就赶紧后退，其后果如何？把事情做好，把困难解决掉，这不也是一种“作战”吗？因此，当你在自己的生活和事业中碰到困难时，应遵循一个原则——像战士扑向敌人一样，绝不言退，发挥自己的强项！

做给别人看。要让别人知道你并不是一个懦弱之人、一个胆小鬼。即使你做事失败了，你不怕困难的精神和勇气也会得到他人的赞赏；如果你顺利地克服了困难，这就更加向他人证明了你的能力！如果有人出于对你的不服、怀疑、嫉妒而故意给你出难题，当你一一解决时，你不仅解除了他人的不良心理，而且还提高了自己的地位。

做给自己看。一个人一生中不可能一帆风顺，事事顺心如意。碰到点困难，这并不可怕，应把困难当成是对自己的一种考验与磨炼。也许你不

一定能解决所有的困难，但在克服这些困难的过程中，你在智慧、经验、心志、胸怀等各方面都会有所成长，所谓“不经一事，不长一智”，说的就是这个道理。如果你顺利地克服了困难，那么在这一过程中你所累积的经验和信心将是你一生当中最可贵的财富。

所以，“碰到困难，绝不言退”这句话并不只是单纯地让我们勉励自己，它实际上具有很大的价值。如果你不相信，那就想象一下“知难即退”的后果吧。这种人首先就会被人认为是一种庸庸懦懦之辈，没有人认为他能成就大事；而事实上也是如此，因为他躲闪、逃避，无法克服困难、提升自己，自然也只能做一些无关紧要的小事情了。

由于残酷的市场竞争，箸文公司面临有史以来最为严峻的生存考验：销售额急剧下降，一大批高级员工陆续离开了公司，剩下的员工也深感企业岌岌可危，纷纷开始考虑退路。公司上下笼罩着浓浓的悲观氛围，企业已到了崩溃的边缘。面对困境，公司总裁艾先生召集员工聆听了一场极为生动的成功学演讲。大大出乎众人意料的是，被邀请来的演讲者不是商界叱咤风云的人物，而竟然是只有10岁的小报童约翰！演讲的方式也极为特别，总裁艾先生与报童约翰两人在台上进行了一番似乎旁若无人的对话。

艾先生开门见山：“约翰，你卖报纸多长时间了？”

约翰骄傲地说：“3年，从7岁就开始推销报纸了。”

“卖一份报纸平均能赚多少钱？”

“每份报纸赚10美分，还不包括小费。”

“看你整天都乐呵呵的，赚钱的路走得一帆风顺吧？”

约翰依然微笑着说：“我每天都很快乐，这是真的，但赚钱的路并不顺畅。刚开始卖报的时候，一份报纸还赚不上2美分，而且非常辛苦，因为在那个街区送报的人太多了，还有一些成年人，他们做得早，也比我有经验。”

艾先生饶有兴致地问道：“那你后来是怎样击败竞争对手的？”

约翰不无得意地说：“我没有击败他们，是他们自己击败了自己。看到卖报赚钱难，许多人都认为干这个肯定赚不到钱了，再怎么努力也没有什么前景可言，一个个都改行去做别的了。而我却满怀希望地坚持下来了，并且把这份工作干得越来越好、越来越赚钱了。”

“你从没有想过要换一份赚钱的工作吗？”

约翰坚定地说：“没有，因为我祖父告诉过我，成功最大的秘密就是坚持到底，即使在我每周只赚3美元的那些日子里，我也没想过要换一份工作，我一直坚信自己能够赚到我希望多的钱。果然，现在我实现了自己的愿望，除了自己卖报，我还雇了8个帮手，把送报的区间和客户扩大了许多。目前，我计划成立一个送报公司，准备尝尝当老板的滋味哩！”

人们很难想象，一位10岁报童的一次极为简单的演讲，竟如一粒火种点燃了许多颗曾一度消沉的心灵，使箐文商务公司一步步壮大成为世界上赫赫有名的跨国集团。报童约翰本人后来也成为美国的“报界大王”。

坚持到底，永不放弃，这是所有的大人物，所有成功人士的共同信仰。事实证明，只有那些不轻言放弃的人，最终才能达到成功的彼岸。

**推销秘籍** 推销是一条不平凡的路，路上的困难和障碍随时可能出现，重要的是，不要被它们吓倒，不要后退！能做到这一点，你就会发现，没有什么问题是不可以解决的。

## ◆ 瞻前顾后只会让你停滞不前

乔·吉拉德说过，在你的推销处于困境之中，更应该专注，一心一意地去做改变现状的工作，如果你还是瞻前顾后，左顾右盼，那你永远也不能改变不利的现状。

世间最可怜的人就是那些举棋不定、犹豫不决的人。有些人一旦遇到了事情，就一定要去和他人商量，这种立场不定、意志不坚的人，既不会

相信自己，也不会被他人所信赖。

有些人简直优柔寡断到无可救药的地步，他们不敢决定任何事情，不敢担负起应负的责任。而他们之所以这样，是因为他们不知道事情的结果会怎样——究竟是好是坏，是凶是吉。他们常常对自己的决断产生怀疑，不敢相信他们自己能解决重要的事情。因为犹豫不决，很多人使他们自己美好的想法陷于破灭。

所以，对你的成功来说，犹豫不决、优柔寡断是一个阴险的仇敌，在它还没有伤害你、破坏你、限制你一生的机会之前，你就要即刻把这一敌人置于死地。不要再等待、再犹豫，绝不要等到明天，今天就应该开始！要逼迫自己训练出一种遇事果断坚定的能力、遇事迅速决策的能力，对于任何事情切不要犹豫不决。

当然，对于比较复杂的事情，在决断之前需要从各方面加以权衡和考虑，要充分调动自己的常识和知识，进行最后的判断。一旦打定主意，就绝不要再更改，不再留给自己回头考虑、准备后退的余地。一旦决策，就要断绝自己的后路。只有这样做，才能养成坚决果断的习惯，既可以增强自信，同时也能得到他人的信任。有了这种习惯后，在最初的时候，也许会时常做出错误的决策，但由此获得的自信等种种卓越的品质，足以弥补错误决策可能带来的损失。

有这样一个人，他从来不把事情做完，无论做什么事情，他都给自己留着重新考虑的余地。例如他写信的时候，如果不到最后一分钟，就绝不肯封起来，因为他总担心还有什么要改动。他时常在把信都封好了，邮票也贴好了，正准备投入邮筒之时，又把信封拆开，再更改信中的语句。最可笑的是，有一次他给别人写了一封信，然后又打电报过去，叫人家把那封信原封不动立刻退回。这个人是个社会名人，在许多方面有着非常出色的才能与品格，但是正是由于他这种犹豫不决的习惯，使他很难得到其他人的信赖。所有与他相识的人，都为他这一弱点感到可惜。

还有一位令人尊敬的女士，也是个优柔寡断的人。当她要买一样东西的时候，她一定要把全城所有出售那样东西的商场都跑遍。当她走进了一个商店，便从这个柜台跑到那个柜台。她从柜台上拿起货物时，会从各方面仔细打量，她看了又看，还会觉得这个颜色有些不同，那个式样有些差异，也不知道究竟要买哪种好。她还会问各种问题，有时问了又问，弄得店员十分厌烦，结果，她也许一样东西也不买，空手而去。

她要买一样取暖的衣帽，不喜欢穿戴着太笨重，又不喜欢过分暖热。她要买一样衣物，既便于夏天，又便于冬天；既适用于高山，又适用于海滨；不仅可用于礼拜堂，又可用于影剧院。心中带着这种不现实的苛求，还能从哪里买到东西呢？万一碰巧她买到了这样一件衣物，她心中还是怀疑所买的东西是否真的好？是否要带回去询问他人的意见，然后再向店中调换？无论买哪样东西，她总要调换两三次，最后还是感到不满意。

主意不定和优柔寡断，对于一个推销员来说，实在是一个致命的缺点。具有这种弱点的人，从来不会是有毅力的人。这种性格上的弱点，可以破坏一个人的自信心，也可以破坏他的判断力。

果断决策的能力，与一个人的才能有着密切的关系。如果没有果断决策的能力，那么你的一生，就像深海中的一叶孤舟，永远漂流在狂风暴雨的汪洋大海里，永远到达不了成大事的目的地。

美国拉沙叶大学的一位推销员前去拜访西部一个小镇上的一位叫汤姆的房地产经纪人，想把“销售及商业管理”课程介绍给汤姆。

这位推销员到达汤姆的办公室时，发现他正在一架古老的打字机上打着一封信。这位业务员先自我介绍一番，然后介绍所推销的这门课程。

汤姆显然听得津津有味。然而，听完之后，他却迟迟不发表意见。

这位推销员只好单刀直入了：“你想参加这个课程，不是吗？”

汤姆以一种无精打采的声音回答说：“嗨，我自己也不知道是否想参加。”

他说的是实话，因为像他这样难以迅速做出决定的优柔寡断的人有很多。

这位对人性有透彻认识的推销员，于是站起身来，准备离开，但接着他采用了一种多少有点刺激的技术。下面这段话使汤姆大吃一惊："我决定向你说一些你不喜欢听的话，但这些话可能对你很有帮助。先看看你工作的办公室，地板脏得怕人，墙壁上全是灰尘。你现在所使用的打字机看起来好像是大洪水时代挪亚先生在方舟上所用过的。你的衣服又脏又破，你脸上的胡子也未刮干净，你的眼光告诉我你已经被打败了。

在我的想象中，在你家里，你太太和你的孩子穿得也不好，也许吃得也不好。你的太太一直忠实地跟着你，但你的成就并不如她当初所希望的。在你们刚结婚时，她本以为你将来会有很大的成就。

请记住，我现在并不是向一位准备进入我们学校的学生讲话，即使你用现金预缴学费，我也不会接受。因为，如果我接受了，你将不会拥有去完成它的进取心，而我们不希望我们的学生当中有人失败。

现在，我告诉你你为何失败。那是因为优柔寡断的你没有做出一项决定的能力。在你的一生中，你一直养成一种习惯：逃避责任，无法做出决定。错过了今天，即使你想做什么，也无法办得到了。

如果你告诉我，你想参加这个课程，或者你不想参加这个课程，那么，我会同情你。因为我知道，你是因为没钱才如此犹豫不决。但结果你说什么呢？你承认你并不知道你究竟是参加还是不参加。你已养成逃避责任的习惯，无法对影响到你生活的所有事情做出明确的决定。"

汤姆呆坐在椅子上，下巴往后缩，他的眼睛因惊讶而张大，但他并不想对这些尖刻的指控进行辩解。

这位推销员道声再见，走了出去。但随后他再度把门打开，走了回来，带着微笑在吃惊的汤姆面前坐下来，又说："我的批评也许伤害了你，但我倒是希望能够触怒你。现在让我以男人对男人的态度告诉你，我认为你很有智慧，而且我确信你有能力。你不幸养成了一种令你失败的习惯。但你可以再度站起来。我可以扶你一把，只要你愿意原谅我刚才说过的那些话。

你并不属于这个小镇。这个地方不适合从事房地产生意。赶快替自己找套新衣服，即使向人借钱也要去买来，然后跟我到圣路易市去。我将介绍一个房地产商人和你认识，他可以给你一些赚大钱的机会，同时还可以教你有关这一行业的注意事项，你以后投资时可以运用。你愿意跟我来吗？”

这时汤姆竟然抱头痛哭起来。最后，他努力地站起来，和这位推销员握着手，感谢他的好意，并说他愿意接受他的劝告，但要以自己的方式去进行。他要了一张空白报名表，答应报名参加《推销与商业管理》课程，并且凑了一些钱，先交了头一期的学费。

3 年以后，汤姆改掉了优柔寡断弱点的毛病并开了一家拥有 60 名业务员的大公司，成为当地最有影响的房地产商人之一。

事实也确实如此，没有哪一个机会是专为你一个人而准备的，机会是公共资源，机会面前，人人平等，你的瞻前顾后、优柔寡断不仅会让你错过机会，更为你的对手创造机会。

**推销秘籍** 推销员们，从现在开始，像狼一样无畏，把瞻前顾后的习惯远远地抛开，让更多的机会和你亲密接触。

## ◆ 推销的路上离不开勇气

乔·吉拉德在讲座中经常说一个优秀的推销员离不开勇气，他告诫所有的推销员要问一下自己：勇气是什么？对于一位优秀的推销员来讲，勇气就是不惧任何挑战的决心。如果机会中蕴含着不可预测的风险，那么优秀的推销员一定会“明知山有虎，偏向虎山行。”

大家都知道推销员是最自由的职业，它的自由主要表现在时间上，没有人规定推销员上下班的时间，也没有人规定今天必须去推销，但推销是

勇敢者才能从事的工作。从事推销活动的人，可以说是与“拒绝”打交道的人。推销员从抬手敲门、客户开门、与客户应对，一直到成交、告退，每关都是荆棘丛生，没有平坦之路可走。

一个优秀的推销员最重要的必备条件就是要具有高昂的工作士气。工作士气高昂的推销员比工作士气低落的推销员更能取得优异的推销成绩。

任何人体内都隐藏着巨大的潜能，如果掌握了正确的运用方法，就会产生令人大吃一惊的成绩。

全力以赴地去推销，就一定能达到目标，要有无论如何也要完成的勇气。唯有如此，才会想尽一切办法与客户接触，说服客户购买自己的商品。

当然，勇气并不是与生俱来的。那么，如何让自己拥有超人的勇气呢？——锻炼。

美国著名推销大师法兰克干推销的第一年，因为收入不够高，他又兼职一份工作——给斯古斯摩学院的棒球队当教练。

工作期间，他接到宾夕法尼亚州切特斯里基督教男青年会的一份邀请函，让他参加他们举办的一个名为“清洁语言、清洁电话、清洁体育活动”的演讲会，并要求他演讲。哎哟！这个可难了。要知道，他根本没有在大庭广众面前说话的勇气，有时连对一个陌生人说话也会脸红。他深知这种性格在许多情况下会阻碍自己获得更大的成功，但又不知如何改变。而眼下，那个演讲太重要了，他根本无法推脱。

第二天，他去了费城的基督教男青年会，向他们打听有没有公众演讲训练班。出乎意料，该青年会的教育主管说：“啊，我们正好有一个，你随我来。”法兰克跟着他穿过长廊，到了一间坐满了人的屋子里。当时一个人做完演讲，正有一个人对他的演讲进行评论。坐下来后，教育主管小声说：“这就是公众演讲训练班。”正说着，又有一个人起身演讲。那个人紧张得不得了。不过，这鼓励了法兰克，他心想：“可别跟他似的，我的演讲一定会洪亮、流利。”

法兰克接下来参加了一系列训练，还有每周的例会。两个月后，他去切斯特里基督教男青年会做了一次演讲。这时，他已克服胆怯，可以轻松地对公众讲述自己的经历。法兰克讲了他在棒球队的经历以及为何中途退出棒球生涯，甚至还讲了他的队友米勒·霍金斯的事情。这次演讲持续了一个半小时，讲完之后，有二三十人跑上来和他握手，告诉他他们如何激动。他高兴坏了，对自己的演讲取得如此好的效果感到惊讶。

这简直是个奇迹！两个月前，法兰克还不敢到公众场合讲话，而现在能使上百人聚在一起全神贯注地听他讲述自己的人生经历。演讲的成功带给他巨大的快乐和无比的自信。他知道这是两个月的培训成果，25 分钟一次的演讲训练让他获得巨大进步，比那些整天呆坐静听、一言不发的人好多了。

他还有另一个惊喜：结识了布赖·卫克斯先生。布赖·卫克斯先生是德拉威尔县著名的律师，当时担任演讲会的主持人。演讲结束后，卫克斯先生亲自送法兰克上火车。登车之时，他说了些赞美的话，还邀法兰克有空再来。最后，他告诉法兰克：“我和一个同事最近正议论买保险的事。”话音刚落，火车就开了。

这次训练给法兰克的最大益处就是让他获得了自信与勇气。他所见过的成功人士都是富有勇气和充满自信的，可以轻松自如地表达自己。这次演讲训练激发了法兰克内心的热情，使他能够更加自如地对别人表达自己的看法。从此，他彻底摧毁了自我的最大敌人——胆怯。

**推销秘籍** 怎样才能克服胆怯，增强勇气和自信？现在你知道了吧，最好的方法是当众讲话。如果在众人面前讲话自如，那么与人私下交谈就是小菜一碟了。

## ◆ 破釜沉舟让你不再软弱

很多人在开始做事的时候往往给自己留一条后路，作为遭遇困难时的退路。这样固然“安全”，可怎么能够成就伟大的事业呢？

一个人一旦决定做大事，就务必抱着绝无退路的决心，勇往直前，遇到任何困难、障碍都不能后退。如果立志不坚，时时准备知难而退，那就绝不会有成功的一日。

一生的成败，全系于意志力的强弱。具有坚强意志力的人，遇到任何艰难曲折，都能克服，消除障碍。但意志薄弱的人，一遇到挫折，就畏缩不前，最终归于失败。现实生活中有许多青年，他们很希望上进，但是意志薄弱，没有坚强的决心，不抱着破釜沉舟的信念，一经挫折，立即后退，所以结果总是失败。

一旦下了决心，就应不留后路，竭尽全力，向前进取，即使遭遇重重困难，也不会退缩。把那犹豫、胆怯等妖魔全部赶走，在坚定的决心下，获得成功便指日可待。

在生活工作中，有很多时候，人的一些优秀品质都是逼出来的。如果你总是给自己留足够的退路，找一些无谓的借口和理由，那你就有可能永远是个软弱的平庸者。

对此，乔·吉拉德给了两点建议：

（1）改变懒散的作风

推销员同其他工作人员一样，在开始工作的时候，都应以事业为重，以大局为重，不计较个人得失，不嫉妒同事的成绩，自觉地同懒散思想做斗争，然而有许多推销员都会犯懒惰的毛病。

有作为的推销高手，一定有明确的工作计划、奋斗目标和时间安排，他们心情舒畅、干劲儿十足，一大早就勇往直前，踏向征途，直奔目的地，也许连“先抽根烟”的功夫都没有，更别说进咖啡厅了。也只有这样才能过五关斩六将，连战连捷，推销成功。

（2）纠正自卑感

刚刚进入推销工作而自卑感很强的推销员往往认为：“我是个没有用的人，干啥啥不行，在公司没有一点地位。”

针对有这种心理的推销员，有种受到国际推销界广泛认可的精神治疗法可以激发他们的自信心，解除他们的心理紧张和压迫感，这就是不断地告诉他们：

“你并不比别人差，别人也不比你强多少，你只是没有发挥出潜力而已。你以为大家都与你作对，其实没有，大家都希望多你这个朋友。不要怕，大胆地去工作吧，把自己的能力表现出来。大家都是你的好朋友。”

这样的鼓励，多数推销员都能听得进去，并很快恢复自信，从而无负担地投入到推销工作中去。推销员碰到豪门大户，总举不起敲门的手，生怕被人瞧不起或像对待乞丐似的被轰出来，这是心存自卑，是一种畏惧强人的不良心理在作怪。难道推销员是上门乞讨的穷乞丐吗？不是！推销员是手握财富的骄子，他的产品一旦售出，客户就会感到收到珍宝般的幸福。任何人都需要消费，没有消费就无法生存，由此可见推销工作的重要。为什么要怕？怕难缠？怕被羞辱？从事推销工作就要有克敌制胜的信心，怕的唯一结果是失败。只要坚信“我能行，我能说服客户，我有必胜的信心”，就一定能在推销工作中闯出一条属于自己的路。

一次踌躇、一次逃避是另一次踌躇和逃避的开始。好比婴儿被抱一次，就会期待另一次被抱的安慰，被抱惯的婴儿如果不被母亲抱在怀里就会哭闹不休。

推销员的访问推销只有一个原则：“没有任何理由，挨家挨户推销。”

一家也不要逃避，一家也不要惧怕。

除此之外还有一种森田式疗法，是专门针对推销软弱病的。

“认为自己无能，在公司几乎不能胜任任何工作……(极度自卑感)”或“无法与别人团结一致，甚至有一种压迫感，总想从别人面前逃走……(对人恐惧症)”等，都是消极的想法。

森田式疗法就是要对这些人说：“你并不比别人差，别人也并不是你的敌人而是你的朋友，所以没有必要提心吊胆的。你具有与别人同样的能力，你也是大家的好朋友。”从而使其逐渐地从消极转变为积极。

有人嘴里一边说着：“我去一下马上就回来！”别人也鼓励道：“努力干吧！”可出了公司门后他却先走向茶馆，还自言自语地说：“出来这么早，到那里谁也见不着，白浪费时间。”

或者，几个同病相怜的人凑到茶馆，这时大家一般都是发牢骚：“用这种推销方法怎么能卖得出去呢？今天早晨的碰头会上，讲的是什么话？那小子虽然完成了推销任务，但也没有什么了不起的！”“卖呀，卖呀，一个劲儿地催……”“公司的做法到底怎么样？”他们不是强调销售，而是强调推销不出去的理由，卖不出去的原因中却没有自己的责任，这是为了掩盖自己的弱点而挑剔别人。

喝着咖啡说着这样的话，就越发加重了身心的倦怠感。如果说森田式疗法是为了培养向前型的人物和改造人的话，在早上喝这样的咖啡、发这样的牢骚却是要把自己培养成更无用的推销员。

如果当天目标明确，信心十足，一旦走出公司，就不会考虑到“先休息一下，再……”

例如，即使想“只休息10分钟”，由于目标不明确、信心不足，10分钟就会延长到15分钟以至30分钟，这就是人类的弱点。在那种环境里，听到的总是“这也不行，那也不行”“那小子不行”“我早烦了”等消极语言。实际上，正是由于这些与森田式疗法截然相反的暗示作用，结果真把自己变成个无用的人了。

早晨只要开始工作，就要义无反顾地向目的地前进，拜访客户，聚精会神地工作，这是战胜软弱的最好办法。

不管什么样的方法，最后的性质都殊途同归，那就是对于自己的软弱切不可纵容，越是给自己留后路，就越有可能让你走向消极的深渊而不能自拔。

**推销秘籍** 销售的路上艰险重重，阻碍重重，我们需要的不仅仅是一番冲劲儿，还需要在困难的时候拿出破釜沉舟的决心和勇气，以及当机立断的狠劲儿。但凡一个成功人士，无不具备这样的品质。

## ◆ 成功就在拒绝后

乔·吉拉德告诉我们，作为一名合格的推销员，不要用可怕的结果吓唬自己或是吓唬别人，首先撸起袖子去干活。只有这样才知道结果是否真的很可怕，经验表明，95% 以上的可怕猜测会因为卷起袖子干活而自然消失。

迈出第一步是很重要的，但更重要的是在迈出第一步之前就下定决心，用行动而不是用害怕和猜疑去面对事实。如果行动受到犹豫迟疑的阻碍，哪怕是一丁点的小任务也不会圆满地完成。

推销员经常要面对被客户拒绝的恐惧。对于这种情况，一个推销员最主要的障碍几乎 80%都是心理因素。这时，你最需要一种积极的心态来化解心理上的障碍，无畏无惧是基本的。

简单地说，害怕被拒绝，事实上就是害怕客户对他说“不”这个字：我们害怕客户对我们说“不”，我们害怕客户说他没有钱、没有时间、对产品不感兴趣……

根据统计，80%的销售行为的最后结果都是客户的“不”这一个字。你害怕客户对你说“不”，请问你害怕自己能够挣更多的钱吗？你害怕自己的事业成功吗？你如果不能克服这种恐惧，你也就不可能提高你的收入，你的事业也不可能越来越成功。

大部分的推销员没有办法接受客户的拒绝。依照经验，一个新进的推销员最容易“阵亡”的时间就是他进入销售行业的前90天，若一个新进的推销员不能在他开始工作的90天之内掌握有关产品的充分的知识，建立起他的基础客户群，提高销售能力及技巧，建立良好的自我形象和自信心，克服被拒绝的恐惧，那么他就会在90天之内离开这个行业。所以，这90天对一个新进的推销员来说是非常致命也是非常关键的，而这当中最关键的一种能力的提高，就是对失败以及对于被拒绝恐惧的解除，如果我们能够解除掉对被客户拒绝的恐惧，那么这世界上每一个人都能成为最优秀、最杰出的推销员。所以如何排除这种对被拒绝的恐惧，是一个推销员从那80%提高到20%最主要的原因之一。

依经验统计，大部分的推销员每天真正花在同客户面对面销售上的时间不到4小时，而大部分的销售行为都发生在10点以后，他们一般在8点到办公室的时候，不会立刻与他们的客户联系。他们会对自己说：时间还早，我必须先整理一下我的名片，我必须先写一个我的工作计划。我必须先做这个，我必须先做那个，我必须编排这一天的计划。他们会做所有的事情，唯一不会做的就是去联系和拜访他们的客户。他们会因为任何理由拖延，一直到10点多他们才会告诉自己：“哎呀，糟糕，已经这么晚了，我最好赶快开始联系我的客户。”可是当他们采取行动还不到两个小时，便又会告诉自己：“快到吃午饭的时间了，可能客户已经不在办公室了，或许现在并不是最好的联系拜访客户的时间，所以我最好等到中午吃完饭以后，下午再联系他们吧！”等到下午两点，他们终于开始采取行动联系客户、拜访客户，才做了两个小时，到下午4点多的时候，又会开始告诉自己："哎呀，现在客户快要下班了，他们或许已经没有心情来购买我的东西，所以这可能也不是最好的拜访和联系客户的时间，我还是等到明天再说吧。"

这种惯性行为一直不断地持续下去，日复一日，直到有一天他们告诉自己："这份工作不适合我。"

一位65岁的美国老人，发现自己有一份无形的资产——炸鸡秘方，于是开始四处兜售。但迎接他的是一次又一次被拒绝，然而老人没有沮丧，没有止步，经过1009次被拒绝之后，在第1010次，终于有人采纳了他的建议，从而也有了如今遍布世界各地的快餐——肯德基。1009次拒绝，你能承受吗？一般人都不能，但我要说——销售高手的成功是从被拒绝开始的。

众所周知，销售是一个要不断面对"拒绝"的事业，不仅要面对市场的"拒绝"，面对客户的"拒绝"，而且还要面对自己的"拒绝"。一个成功的销售人必须要在这种种的"拒绝"当中，去战胜自己并且成就自己，这是销售人成功的必经之路。

销售人一定要敢于面对"拒绝"，并且去尝试让自己与"拒绝"共舞。对一个优秀的销售员来说，他要做的应该是不断地自我激励，不断地对自己说："我行！我行！我可以！"他应该积极努力地去争取所有能够让自己远离"拒绝"的机会，让不断累积的经验成为战胜"拒绝"的武器，从而成就自己未来辉煌的销售历程！

日本最有名的销售员原一平曾说过一句名言："我不喜欢拒绝。可以说，我对拒绝恨之入骨，不过，我的成功离不开拒绝。"在实际的销售过程中，个人的销售能力并非天生，是要经过不断失败、反思、尝试的反复过程才能形成符合自己的销售风格和经验，并最终取得销售成功。

销售员是一个极易产生自我拒绝的工作。许多销售员都存在着不同程度的自我拒绝。他们往往是以"不能"的观念来看待事物。对困难，他们

总是推说“不可能”“办不到”。一些销售员在走到客户的大门前时，踌躇不前，害怕进去受到客户冷遇。常言道：“差之丝毫，失之千里。”

销售员微妙的心理差异，造成了销售成功与失败的巨大差异。自我拒绝构成了销售成功的最大障碍。自我拒绝使销售员逃避困难和挫折，不能发挥出自己的能力。松下幸之助说：“自我拒绝是销售员的大敌，是阻碍成功的绊脚石。”任何销售员如果有自我拒绝的倾向，在销售行业他是不会有成功希望的。

销售员使用最多的一个借口就是：我没有经验。的确如此，缺少经验让许多人退缩了。但我们也都清楚一个令人烦恼的事实：要获得经验，你就需要一份工作；而获得一份工作，你又需要经验，这形成了一种恶性循环。说有经验就能做好销售，这是有可能的。经验越多，销售成功的可能性也越高，但经验是积累起来的。任何人从事销售工作都是从没有经验开始的，所以，没有经验不应该成为我们拒绝销售的理由，没有经验反而应该成为我们积极销售的动力。

**推销秘籍**　在销售的过程中，很多人觉得做一件事情越有经验越好，但我认为，一件事从来没有做过，其实是一种优势。假如从来没有做过这件事情，你通常会从一个很客观的角度去考虑，会看到一些别人看不到的盲点。你没有“这个不能做、那个不能做”的顾虑，没有那么多老生常谈，没有畏惧和束缚，很多事情反而可以做成。

## ◆ 销售贵在坚持

坚持不一定会成功，但要想成功就必须坚持。铁杵磨成针，不仅因为它持之以恒，而且它的目标始终如一。同样，成功的销售也离不开坚持。

很多颇具实战经验的销售能手，他们遇到的挫折并不比其他推销员少，但是他们却能创造出比别人出色得多的业绩，原因就是不论遭受怎样的挫折，他们都不会淡化和放弃对商品的兴趣，而且还会通过自己坚持不懈地热情向客户证明他们推销的商品有多么出色，通常还会使购买这些商品的客户认为自己花在这些商品上的钱有多么值得。

销售中有个定律，拜访 8 位客户，如果让你见面的话，有 4 位会对你的产品留下印象，有 2 位会有动心的感觉，有 1 位会选择你的产品。所以销售的关键在于三点，一是能不能挖掘更多的潜在客户，二是你能不能见到潜在客户的面，三是能不能打破 1/8 的标准。优秀的销售人员懂得坚持，坚持收集更多的潜在客户资源，坚持包装好自己的产品和说辞，坚持每天拜访一定数量的潜在客户，坚持计划和总结提高拜访的质量以提高成功度。

（1）销售是持久战，不要急功近利

一位销售经理，曾经用“50 — 15 — 1”原则来激励销售员坚持不懈地努力。所谓“50 — 15 — 1”就是指每 50 个业务电话，只有 15 个有意和你谈谈，这 15 个人里面只有 1 个人和你成交。没有坚持不懈地努力，哪里获得良好的业绩呢？

当客户冷冰冰地拒绝时，我们面临着极大的考验。毕竟，当顺利成交时，我们都会开心；而被拒绝时，肯定会不高兴。不断拜访，得到的却只是拒绝，但还要坚持下去，这需要勇气。有时候坚持下去很难，面对客户的无动于衷和冷淡，甚至是冷嘲热讽，以及面对不可预知的销售结果，需要很强的信心去支撑。

据美国推销协会统计，80%的推销个案的成功，需要 5 次以上的拜访，48%的销售员 1 次就放弃，25%的 2 次放弃，12%的 3 次放弃，5%的 4 次放弃，10%的坚持 5 次以上。这个统计数据告诉我们，通过一次的拜访就达到签单目的少之又少，从第一次接触到促成签单大约要经历五个步骤，每一次拜访如能达到一个目的就不错了。

售员对每一次的销售目的需要事先制定好，我们必须非常清楚地明确一点：每一次拜访的目的都不是一样的，有礼节性的拜访、商品说明和演示、签单促成、收款、售后服务、抱怨处理和索取转介绍等。

销售员要建立起分步骤走。按流程操作的方法，这些在形式上看起来虽慢，但每个流程很扎实，成功的概率就大。

（2）只要重复足够的遍数，就能征服客户

调查显示：有 80% 的购买决定是在第 5 次拜访之后做出的，而 80% 的销售员在拜访客户未达到 5 次时就放弃了。你的潜在客户今天看上去可能没有购买需求或是缺乏购买能力，但情况是会变化的，时间肯定会对你有利。今天还不存在的需求，明天就可能成为紧迫的要求，所以要反复地进行拜访。

每一次，都要努力成交。因为只有当你努力成交时，你才能算得上是在销售。在两次拜访之间，可以通过信件、传真、电子邮件、打电话等方式与客户保持密切的联系。我们能在每次拜访中不断获悉客户的真实需求，并通过有技巧的再访，减轻对方的排斥心理。有耐心地持续第三、第四次拜访，或许客户已在盘算，等他下次再来时，就部分或全部接受订单。

吉姆是一名一流的销售员，但他也经常会遭到拒绝。连续 4 年，他每周都拜访一个客户，却从没有拿到订单。4 年是一段相当长的时间，但吉姆觉得持续拜访下去，努力争取成交是值得的。最后，他成交了。那份订单，是他从事销售以来拿到的金额最大的订单。

根据心理学原理，我们只要重复足够的遍数，就能征服客户。广告之所以能对人的购买产生那么大的影响力，也与此有关。请记住：客户的第一次拒绝，并不是真正的拒绝，我们应相信重复的力量，只要重复足够的次数，就一定可以征服客户。

一位销售员想推销一件工具给一个包工头，拜访多达 20 次，每一次都没有成交。

“年轻人，既然我从来不买，我搞不懂，你为什么总是不停地来拜访我呢？”包工头无奈地说。

“这就是我反复来的原因。我将不断地回来，直到你买了为止，因为我知道你需要这件工具。”销售员说。

包工头放弃了抵制，他说：“够了，我就先从你这儿购买一份小批量的吧！看来我已经没有选择的余地了。”

事实上，包工头确实需要并正在使用这种工具。实践证明：凡是在工作中特别有用的东西，仅仅靠纯粹的重复就能在较量中取胜。而且，重复还可以在精神上对潜在客户造成压力，给对方一种“非买不可、没有选择”的感觉。

（3）一次次把好处说够，把痛苦说透

购买是一个“追求快乐、逃避痛苦”的过程。因而，促成销售的一个很重要的原则就是要“把好处说够，把痛苦说透”。然而，从心理学的角度上讲，一个好处的产生，要让客户感受出来才行，这样才能产生购买的动机。我们仅仅告诉客户这些好处还不够，必须重复这些好处，1 次、2 次、3 次，这样才能对他潜意识产生影响力，而我们的潜意识力量要比意识力量大 3 万倍以上。所以说，当你不断地重复灌输时，客户的购买力量会增大。

在现代销售理念中，有一种销售策略叫“催眠式销售”。它的核心思想就是将好处重复灌输到客户潜意识里。一些客户原本不太注意、不太确定的东西，重复多了，就会深深地刻印在脑海中，甚至成为真理。

日本销售大师原一平每次在推广保险的时候，都会讲一个因没有买保险发生意外和死亡的悲痛故事，他的真情感动得客户流下泪水，这时他便说道：“我真的不希望这样的故事发生在我遇到的每一个人身上，我有责任去帮助他们，我出售的不是保单，我出售的是爱和保障。”

除以上关键的三点，销售人员要坚持的还有很多，具体要靠自己去摸索、去体验、去把握。中国企业家马云有句话说得好：“今天很残酷，明天

更残酷，后天很美好，但绝对大部分是死在明天晚上，所以每个人不要放弃今天。”那些成功的销售人员，往往都养成了坚持的好习惯。

**推销秘籍**　刚刚开始干销售的人也许都经历过这样一段过程，那就是总是打不开局面，时间一久就怀疑自己的能力。有些就直接放弃转做他行，还有一些选择了坚持下来，最后，他们绝大部分都成功了。这时回过头再看看自己走过的那段路，原来只是多了一份坚持和自信而已，再无其他。

# 第六章　明白客户的心思，得到订单

在消费时，每个客户都希望能够得到你优良的服务，每个客户都希望可以花最少的钱买到最好的东西，但是出于中国人的传统习惯，客户一般会把这些话隐藏在心中，让销售员去揣摩。对此，要做好销售，掌握客户的心思就显得异常重要，谁能明白客户的心思，谁就能拿下客户的订单。

## ◆ 尊重客户才能获得订单

怎样赢得订单，在推销过程中，怎样运用自己的优势去赢得客户的订单式很重要的，怎样赢得订单，是很多推销员长期的苦恼，这里就教你乔·吉拉德的推销的方法。赢得订单的方法，用尊重来赢得客户的订单。

学会尊重，是销售员做好销售的前提条件，是销售员的重要行为规范。有过销售经历的人可能都有这样的体会，就是你越真诚地为消费者服务，你就越能赢得他们的回报。人就是如此，你对他人表示出什么态度，他人就会对你表示出什么态度，即你尊重消费者，消费者才会对你的销售表示出尊重和信任，他们才愿意买你的账。

在社会生活中，每个人都有自己的尊严，也都有渴望被他人尊重的心理。不管自己有钱没钱，在商场，在超市，在餐厅……所有的消费者都希望自己能够得到他人的同等对待，都希望他人能用平等和友善的态度去为自己真诚地服务，给自己人格上应有的尊重。同时，它展现的也是自身的一种素质修养。懂得尊重，会尊重他人的人，往往能够得到他人的好评，能够得到他人的敬重和信任，反之，换来的则是人们“以其人之道还治其人之身”的轻视和侮辱。

所以，这就要求销售员要学会尊重他人，懂得尊重他人。综观世界上那些伟大的、成功的销售员，比如乔·吉拉德、柴田和子、乔·吉拉德、汤姆·霍普金斯等人，他们在销售过程中都非常注意文明礼貌，非常注意自己对人对事的态度，他们在身份尊贵的消费者面前不卑不亢，不奴颜魅相，在身份卑微的消费者面前不鄙夷歧视，不轻蔑侮辱，凡是客户，他们都同等对待，一视同仁，也许正是因为他们本身的自尊、自重，所以他们

才能取得令人羡慕的辉煌成就。

学会尊重，是销售员做好销售的前提条件，是销售员的重要行为规范。有过销售经历的人可能都有这样的体会，就是你越真诚地为消费者服务，你就越能赢得他们的回报。人就是如此，你对他人表示出什么态度，他人就会对你表示出什么态度，即你尊重消费者，消费者才会对你的销售表示出尊重和信任，他们才愿意买你的账。

某天傍晚，在一个五星级的酒店内，一位年近七旬的老先生来到服务总台，要求住宿。服务员小慧用眼睛斜瞟了一眼眼前的这位老人：头发斑白，身材矮小，整个不修边幅的邋遢样。她心想：这样的糟老头也能住得起这五星级的酒店？于是，她用高高在上、不屑一顾的口气对老人说："老头儿，我们酒店的住宿标准是每晚XX元，费用很高，如果你不是这个消费层次的，就请去其他的地方吧！"老人端详着服务员，说："开个房间吧，要最好的客房，我要住一个星期。"他边说边付款。小慧听到老人这说话口气，心想他肯定不是什么等闲之辈，顿时不好意思起来。老人安顿好住宿后，拿起电话给酒店总部打过去，酒店高层主管接到电话后，以很快的速度来到老人的客房，毕恭毕敬地说："董事长，不知您大驾光临实在抱歉，敢问您有何吩咐？"原来貌不惊人的白发老人，竟然是这家酒店的拥有者。他用这个面目出现在酒店，本是想以房客的身份，实地考察一下酒店的服务状况。可是眼前发生的情景，让他大为不悦。于是，老人对主管说："我们酒店的服务太差了，若长期以往都用'相貌'来决定顾客，恐怕酒店的前景堪忧啊，所以，出于长远考虑，酒店的服务状况需要整顿，现在我提议免去那位前台小姐的职务。"高层主管平时疏于底层的管理，从内心深处他感到非常抱歉，因为他也知道酒店的宗旨，就是为顾客提供最佳的服务，给他们提供最好的方便，可哪知底层员工却以相貌取人，于是，他只能说："一切按您的指示去办！"

人没有高低贵贱之分，可是在这个社会中，总有些人会自以为是，以为自己穿着比别人好，就感觉高人一等，他们为人处事常以貌取人，蔑视、瞧不起那些衣冠不雅的人。这样的人结局如何，恐怕莫过于小慧的遭遇了吧。所以，这就提醒所有的销售员，做销售绝对不能用相貌来衡量人。无论什么时候，你给予别人以尊重，你才能赢得他人的尊重。销售女神徐鹤宁也曾说：“想做好销售，你就得秉着真诚和友善的态度为每一位顾客服务，只有这样你才能让顾客为你敞开胸怀，真正地接受你的销售。”

另外，还需要明白的是，销售是个为他人服务的行业，这不表示你的职业就比别人高级，或比别人低贱，天下所有的职业都是一条水平线的。所以，销售员要摆正自己的心态，用平等的姿态去做销售，这样才能让自己成为成功的销售员。

对于销售员来说，要做到尊重顾客，尊重消费者，让顾客认同你的销售，乔·吉拉德给了下面几点建议：

第一，假如你是客户，你希望如何被对待？你自己遇到的问题是如何得到满意解决的？把自己摆在顾客的位置上，你会找到解决此类投诉问题的最佳方法。

第二，给顾客更多肯定和尽力的回答。销售员对顾客不要说“我做不到”之类的话，而应该尽量使用一些肯定的话，如“我将尽力”等。永远不要说“这是个问题”，而应该对顾客说“肯定会有办法的”；跟你的顾客说“这是解决问题的办法”，而不要说“要解决问题你必须这样做”；如顾客向你要求一些根本不可能做到的事情该怎么办？很简单，从顾客的角度出发，并试着这样说：“这不符合我们公司的常规，但我们会尽力去找其他的解决办法”。

第三，多说“我们”，少说“我”。销售员在说“我们”时会给对方一种心理的暗示：销售员和客户是在一起的，是站在客户的角度想问题，虽然它只比“我”多了一个字，但却多了几分亲近。

第四，表现出你有足够的时间。销售员千万不要在顾客面前表现出你没有时间给顾客，要用一种轻松的语调和耐心的态度对待他，这是让顾客感到满意的最佳方法，即使你不能马上满足他的要求。若顾客感到你会努力帮他，即使要等很久才能满足他的要求，甚至到最后真的帮不到他，他也会很高兴的。

第五，不要缩小顾客的问题。面对问题，千万不要说“我根本没听过”，“这是第一次出现此类问题”，这种处理方式只会对你的顾客产生极差的效果，因为他根本就不想知道这种情况以前是否发生过，每位顾客都希望得到你的重视和注意，他们认为你所受的培训及所获得的经验只有一个目的：留意他并帮他解决问题。

第六，对顾客表示感谢。销售员要知道：对顾客说再多的感谢也不过分。但遗憾的是“谢谢”或“请”这类的字眼在销售中用得太少了，要尽可能经常地使用这些词，并把“谢谢”作为销售员与顾客交往中最常用的词。真诚地对顾客表示感谢，会让顾客从内心里觉得很舒服。

**推销秘籍**　推销商品，卖的是商品，树的是形象，搞的是顾客关系管理。只有把顾客与商家这根纽带维护好，商家才能有更大的发展。只有尊重顾客才能得到顾客的心，赢得订单。

## ◆ 赞美客户，赢得生意

如果我们观看过海洋馆的海豚表演，我们一定会为海豚做出的精彩动作叹为观止。它们不仅可以轻松跳出水面，跳跃的姿势和高度常常会赢得观众热烈的掌声，并且在海豚训练师的指示下完成人与自然的最伟大的合作之舞。

当有人询问海豚训练师如何做到让海豚那么听话时，海豚训练师的回答是“在开始训练海豚的时候，它们也很难领会人们的意图，但是这并没有阻碍我训练它们的信心。如果我发现它们做出的动作中有一点是值得欣赏的——哪怕只有一点点，我会毫不犹豫地奖赏它们。当然，奖励的方式也不尽相同，我有时会给他们喜爱的食物，有时候拍拍它们的头，或者是抚摸它们。多年以来，我一直使用这样的方法训练它们，我发现这是人们普遍采用的一个技巧。”海豚训练师还告诉我们，对海豚的奖励一定要及时。人们往往在取得巨大成就的时候才能得到奖励，而海豚训练师并没有这么做，他们通过耐心观察、仔细琢磨，哪怕只是发现海豚在表演中微不足道的进步，它们就会得到百分百的奖励。

赞美的语言对人际沟通，维系良好关系是有重要作用的。它不仅是调整心灵的润滑剂，而且，除了让别人听了舒服之外，还不会让你降低身份。所以，如何适当地赞美他人，也是与人沟通的重要课题。

乔·吉拉德说：“人性最深层的需求，就是渴望得到别人的赞美。”渴望被赞美是人类普遍的一种心理，我们每个人也都爱听别人对自己的赞美，因为赞美会给我们的内心带来愉悦感、成就感与优越感，作为消费者和客户同样也不例外。因此，销售人员如果能注意到这一点，并能适当地加以利用，在和客户接触的时候，能恰如其分地用几句漂亮的话，真诚地夸赞你的客户，许多客户在你的“美言”下，原本就不打算与你交易的人，也都会来个峰回路转，会很爽快地与你完成交易。

菲亚电器公司在一个富饶的农场派驻了多位销售员，让他们在此销售本公司的电器，但该农场的人似乎很讨厌菲亚公司的产品，对他们的销售员更是“恨之入骨”。这是为什么？是这个农场的人都不需要电器吗？还是菲亚公司的销售员与农场的人结下了不解之“仇”？为了占领这片市场，为了搞清楚事情的真实情况，公司委派了德高望重的销售总裁霍利先生前去调查。

霍利先生来到农场，就去询问负责这个农场的销售代表。

销售代表说："这个农场的人都是铁公鸡，一毛不拔，我们没法卖给他们任何东西。此外，这些人似乎对我们公司有很大的意见。我们试过了好多办法，但依然不能改善与他们的关系。"所有的推销员都向霍利先生这样反映，也许菲亚公司真的没有希望能占领这片市场了吧，因为公司的几位销售精英都屡次失败了。

能不能占领市场，霍利先生认为这些人说了都不算，无论如何自己都要去试一下。

一天，他来到一家农户的家门前，轻轻地敲着门。门被一位老太太打开，但她只从门缝里探出头来，这位老太太看见霍利先生，以为他又是菲亚公司派来的说客，想让她买东西。于是，她就条件反射似的立即关上门。霍利先生并没有因此而受挫，他耐心地再次敲门，老太太再次将门稍稍打开，然后把自己对菲亚公司的不满一股脑儿地全说了出来。

听完老太太的诉说后，霍利先生说："抱歉，我们打扰您了。但我不是来这儿推销电器的，我只是想跟您买一些鸡蛋。"

老太太听到霍利先生的来意后，门开大了点儿，但是仍然用可疑的眼神瞧着霍利先生。

"我看您这里养了许多多明克鸡，我想买一公斤鲜蛋。"霍利先生说道。

"你怎么知道我养的是多明克鸡呢？"老太太怀疑地问，"我自己也养鸡，但我从来没见过这么优良的多明克鸡。"

"那你为什么不吃自己的鸡蛋呢？"老太太问。

"因为我养的鸡下的是白蛋。当然，您如果自己下厨，就知道做蛋糕的时候，白蛋是比不上棕蛋的。我太太为她的蛋糕而自豪。"

那位老太太放心地走了出来，表情温和多了。同时，霍利先生的眼睛到处打量着，发现这家农舍装置了一个很好看的牛棚。

霍利先生于是说："我打赌，您养鸡所赚的钱，比您先生养乳牛所赚的钱还要多。”

听了这话，老太太非常高兴。她邀请霍利参观她的鸡棚。没多久，她就说到一些邻居在鸡棚里安装了电器。并征求霍利先生的意见，问他安装电器是否值得。

一个星期之后，霍利先生把电器卖给了那位老太太。

在销售中，如果你觉得自己真的是尽力了，而且什么办法都想了，对客户介绍也介绍得够多了，但是客户依然不买账，依然不在订单上签字。这时候，你就不妨多观察观察，看看客户有什么优点和值得骄傲的地方，对他说几句他爱听、喜欢听的话，真诚地给他以赞美，也许你的问题就能迎刃而解了。就像霍利先生一样，在他们公司的多位销售员都觉得没有希望的时候，他用赞美拿下了这位客户。其实，有些时候，赞美的语言对人际沟通，维系良好关系是有重要作用的。它不仅是调整心灵的润滑剂，而且，除了让别人听了舒服之外，还不会让你降低身份。所以，如何适当地赞美他人，也是与人沟通的重要课题。那么，销售员应该怎样去赞美客户呢?

第一，从客户最得意的地方赞美他。俗话说，英雄惜英雄，好汉怜好汉。成功的事只有对成功的人去说，才能获得赞赏。要是对一个失意的人去说你自己的成功，你得到的肯定是冷淡与白眼。客户可能有成功的事，那么你就去赞美他成功的地方，这样，他会扬扬得意地答应在订单上签上他自己的大名。

第二，赞美一定要注意程度。过犹不及，这是我们常说的道理，在这个时候一定要坚持这一原则，过度地不符合事实的赞美客户，不但不会让客户喜欢，反而会让他觉得你太过于圆滑与虚伪。

第三，可以赞美客户身边的人。如果你想赞美客户，但是又找不到他有什么地方值得你去赞美，那么你就去赞美他身边的人或者与他相关的一些事吧。所谓爱屋及乌，就是这个道理。

**推销秘籍**　销售人员应该养成说“好”“很好”“非常好”的习惯，并很自然地竖起大拇指，称赞客户。当客户提出问题时，回答的第一句应是：“您说得很有道理，这个问题问得非常好，可见您在这方面有相当的研究。我最喜欢跟有独到见解的人谈保险理财方面的问题。”或说：“太棒了，我拜访了这么多客户，从来没有人提问题提的这么到位。”总之，要让客户感到你对他的尊重，而乐意和你谈下去。

## ◆ 群追猛打要有度

在现实生活中常常会看到这样的场景，很多的推销员会为了尽快和客户签下订单，就抓着客户穷追猛打，认为通过密集式的口头轰炸，就能将客户搞定，但孰不知“物极必反”，过分的销售，往往会让客户对你的销售产生反感，这就是客户的逆反心理。

做销售并不是一件容易的事，很多销售员，他们从寻找客户开始，到成功地销售出产品或是推荐合作伙伴，期间不仅需要进行周密的计划、细致的安排，而且还要与客户进行重重的心理较量，尤其是在整个销售运作流程的促成阶段，这个阶段许多销售员将其称之为决定销售成功的“临门一脚”，它需要销售员特别留意客户的心理活动。只有驾驭得住客户的心理，才能成功地销售。

小魏是某软件公司的销售员，一次，他在听到客户方欲采购的信息后，就在第一时间与这位客户取得了联系，并约定了上门拜访的时间。小魏从事销售行业虽然时间不长，但头脑灵活。他认为销售的最好方法，无非就是用自己的三寸不烂之舌，向客户使劲儿地介绍产品的功能和特点，只要让客户了解了产品的特性之后，并且自己所销售的产品确实也具有实用性，那就不怕客户不和他签单。于是，到了约定的时间，小魏还特意把自己所代理的各种软件的功能和特点温习了一遍，然后满怀信心地出发了。

来到采购方的会议室后，小魏熟练地将笔记本、投影仪等设备安装调试好，然后正襟危坐在凳子上，他认为现在只要采购方的相关人员到齐后，自己就可以大张旗鼓地“开讲”了。不一会儿，采购方的老总、电脑部经理、财务部经理等人都陆续来到会议室，小魏起身和这些人交换名片和进行了一番寒暄之后，就直奔他这次的销售正题，从自己的公司到产品，小魏把能想到的优势都向采购方详述了一遍，当然，期间也不乏穿插了一下贬低竞争对手的内容。要说小魏的嘴皮子功夫还真是厉害，他水都不喝一口，就一口气侃侃而谈说了三四个小时。

不过侃侃而谈之后，效果却没有小魏想象的那么好：采购方的老总在听了十多分钟之后就离席走了，其他的人虽然没有离开，但对小魏的口若悬河并不欣赏，各个昏昏欲睡，如坐针毡。等打发小魏走后，据说采购方的老总还为此和电脑部的人发了火，说怎么就找来了一个“软件”推销员来浪费他的时间。

上述这种情况就是推销无度造成的。过分的推销，往往会让客户对你的推销产生反感，这就是客户的逆反心理。客户为什么会有这种逆反心理呢？这是因为客户对你这个销售员本来就不熟悉，在与一个陌生人做买卖时，他们自然而然会对你有戒备之心，即所谓的“防人之心”。在这种心理的驱使下，如果你只是一味地强调自己的产品如何好、功能如何强，那在客户看来，你就是一个纯粹的推销员，说白了就是想从他们那里“拿钱”，钱是客户辛苦得来的，你凭什么从他们那里要钱，这无疑会让人讨厌，会让客户失去对你的信任。因此，在销售的过程中，一定要注意客户的心理变化，要不惜一切地消除客户的逆反心理，只有消除了客户的这种逆反心理，他们才能接受你的销售。

逆反心理是一种违背常理的心理活动，但却是人人都具有的，表现出来的情绪就是越是难以得到的东西，就越希望得到它；越是不让他知道的事情，就越想知道；越是不可能发生的事情就越希望发生。因此，对于销售人员来说，客户的逆反并不是一件好事，它是销售员成功销售的绊脚石，但却又是客观和普遍存在的一道难题。想从事销售这行，想做好销售这行，想让自己成为像乔·吉拉德那样伟大的销售家，必须攻克客户的逆反心理。

销售员要怎样才能攻克客户的逆反心理，让客户心甘情愿地接受你的销售呢？乔·吉拉德给出这样的建议：

第一，和客户建立良好的信任度。在销售的过程中，大多数客户在初期总会本能地对销售员的销售表示出“防备”和“谨慎”的态度。此时，销售员若能得到客户的信任，那客户的态度就不会是“拒人于千里之外”了，相反地，他们多数就会积极起来。可以说，与客户建立良好的信任度是销售的一个主要目标，它不但能传递价值，还能降低销售失败的风险。这是因为，得到客户的信任，就可以改变客户和销售员的关系，让彼此之间的关系变得更为融洽，这也就减少了客户逆反心理的发生概率，从而打开有效销售的大门。要知道，人总是乐于同自己信得过的人分享一切的，客户同样是如此，与他们建立良好的信任度，他们就不会再将你拒之门外了，而是会主动邀请你进行更深入的洽谈。

第二，培养客户的好奇心。销售员要想和客户进行有效的沟通，减少客户的逆反心理，其中培养客户的好奇心就是最佳途径之一。通常来说，好奇心强的客户他们的逆反心理就会少，这是因为人们不太可能既有好奇心．又有逆反心，而且相关的资料也都表明，好奇心强的人，他们的求知欲也就更甚，所以向这样的客户销售产品，他们会愿意花时间去了解你的产品和服务。另外，一些有经验的销售员在销售过程中也都会发现这样的情况，就是好奇心强的客户，跟他们交流起来会很轻松，交谈的气氛会随着他们好奇心的增强而变得活跃起来，与他们交流，他们的注意力是集中的，神情是专注的，并且还会不时地向你提出问题。显然，客户是想从你这里知道更多的东西，他们需要你的帮助，这样的客户，他们不可能一边要求你的帮助，一边又对你产生排斥感，把你推开。

第三，站在客户的立场，换位思考。减少逆反作用的另一个方法是转换自己的立场。在销售中，我们常会听到销售员这样问客户："我来得不巧吧？""打扰您了吧？""下星期做销售演示是否太快了？"等等。那些销售员明知自己的到访可能会给客户造成不便，或是会让客户产生反感，但为什么还要这样问？其实，他们这样是最聪明的做法，原因就是销售员把客户的那种心理给直接点出来了，客户听到销售员这样真诚的抱歉话语，出于礼貌，他们也不会当面拒绝，只能应承，这一技巧就叫立场转换。

总而言之，要想让自己的推销成功，就得想方设法减少客户对你的逆反心理，只要客户对你的产品产生了兴趣，对你的产品产生了信任感，那他们的心理防线就会放松，你销售成功的机会也就更大了。

**推销秘籍** 做人要心无边行有度，做事需进有招退有术。推销也一样，要有分寸、知进退、有方法、讲策略。推销的巧妙就在于有"度"有"术"。为人处事，只有"度"与"术"结合，才能进退自如，游刃有余，掌握生活的主动权，赢得订单。

## ◆ 讨价还价里的学问

从心理学的角度说，砍价代表着客户一种怎样的心理呢？因为大多数的消费者都有怕自己吃亏、上当受骗的。理，他们害怕自己被销售员"宰"了，于是，为了平衡自己的心理，保护自己的利益，他们就会开始讨价还价。

“这件衣服多少钱？”

“300块？”

“这么多，太贵了，150块钱吧？能卖的话就给你拿走，不能卖就算了。”

“小姐，你太会砍价了，这样的价钱我一分钱都没有赚到。看你挺有诚意的，就180块吧，少了我真的不能卖了。”

“就150，多了我也不要了。”

“好啦好啦，就160吧，让我也赚10块钱的车费。”

“不行，就只能给你150，一分钱都不能多。”

“小姐，你的嘴真厉害，行，就150吧。”商家边说边把衣服给客户装了起来。

在商场里，像这样的对话我们时常能听到，不仅能听到，有很多时候我们自己也在进行着这样的事情——砍价。

小芬自从结婚之后就做起了全职太太，每天都会去菜市场买菜花，这天她又提着菜篮来到了菜市场。她来到一位卖菜的大嫂摊前，“菜花多少钱一斤？”她问道，“一块。”“八毛行吗？”这位大嫂不答应，于是小芬掉头就走了。再往前走，她来到一位阿婆的摊前，她看到有菜花，于是凑过去砍价，阿婆说九毛钱一斤，少一分也不卖，于是小芬称了一斤。等阿婆称好了，她不甘心，硬是从摊面上拿了几根，心中才舒坦，阿婆像是很理解她似的，竟然又给她添了两根，于是小芬提着菜篮高高兴兴地去买别的菜了。

对于小芬来说，每天买菜时的砍价还价是她的必修课，她也乐此不疲。砍价还价在常人看来，也许是一件很无聊、有损大雅的行为，但是在这种讨价还价的背后，其实蕴涵着丰富的心理活动。

首先，在谈价时，双方在互相打探，收集对方说话的方式、表情等信息，跟自己经验中的某一类人进行“匹配”，确定对方是哪一类型的人，接下来双方按一些“套路”来应对。买的人开始还价，并密切注意捕捉卖者的表情，再然后双方都会陈述自己的理由，比如卖者说生意不好做，买者说厂里发不出工资等，当然，这时双方言辞和表情都有些夸张。而从买者的角度来说，就是为了尽可能多地砍下价钱，因为他对于销售者的定价是一无所知的，所以他就担心自己在购买了这种商品后有可能被骗。本来不要那么多钱的，却花了那么多的冤枉钱，那样他的心里就不平衡了。为了防止这种被骗的心理产生，于是客户就尽可能多地砍价，通过这种方式来保护自己。

但讨价还价在很多专业的销售人员看来，却是一种不明智的表现，是一种资源的浪费。试想，双方在这一过程中要浪费多少时间，这些时间也许可以赚比砍下来的价钱更多的钱。同时，客户和销售之间的讨价还价还是一种不信任的表现，这种不信任对于销售来说是一种危险的信号。

那么，销售员怎样才能在推销的过程中消除客户的那种怕被骗的心理呢？乔·吉拉德建议道：

第一，尽可能快地取得顾客的信任。

乔·吉拉德说，要想到顾客购买汽车的钱，是他们辛辛苦苦挣来的，他们大多是不富裕的工薪阶层，他们很多人把买车看成是一生最大的一笔投资，他们希望自己的钱花得值，他们不希望自己买到的是赝品，被人嘲笑，他们希望自己的购买被人看作是明智的选择。所以，顾客会怕你，害怕你欺骗他们，而这一行很多行骗的故事更加深了顾客对于推销员的不信任，所以，首先让顾客信任你，消除他的顾虑和担忧是非常重要的。当顾客信任你了，购买到你为他推荐的产品，享受到你提供给他好的服务之后，他会喜欢上你，会把你的产品和服务到处传颂，于是，你的口碑就建立起来了。所以，你不应该仅仅把一个顾客看成一个单一的购买对象，你应该把他看成 250 个人，你让一个人满意了，就会带来 250 个人的光顾，反过来，你惹恼了一个人，你就失去了潜在的 250 个客户。

第二，满足客户的心理平衡。

对于客户来说，他们需要的是物有所值的物品，但是就算他们对某件

物品很喜欢，身为推销员的你也不能因为客户喜欢就漫天要价。也许客户确实是因为喜欢那件商品，所以购买的时候很爽快，也许等他冷静下来之后再回想，他就会感觉到自己上当受骗了，到时候你就会失去这个客户，并且他会把他的事到处宣传，到时候你的口碑就会变差，你失去的将不仅仅是他一个顾客。

**推销秘籍**　“先价值、后价格”的原则商品的价格历来是顾客最敏感的问题，无论价钱多少，对顾客来说购买商品就意味着要付出经济代价。所以销售者在议价时说服顾客首先必须要强调出商品的价值来，以商品的价值来减少价格给顾客带来的影响和精神压力。

## ◆ 嫌货的人才是真买家

推销界流传这样一句话，嫌货的人才是真正买货人，顾客在对你的产品挑毛病的同时，也是他对此产品真正感兴趣的开始。他若是不感兴趣，不想要的话，也不会看得这么仔细，更不会看出这其中的问题所在。作为推销人员要永远记住一句话，那就是：嫌货才是买货人。这样的顾客才有可能买你的产品，而那些对你的产品不闻不问的顾客，是绝对不可能买你的产品的。

《石头记》中有这样一副对联：假作真时真亦假，无为有处有还无。说得有点玄，但总的意思就是真真假假让你猜不透。这有点像魏晋时期的玄学，故意绕个十万八千里，让你去猜。

有一天晚上，老李的朋友老张忽然来访，经过一阵礼貌性的寒暄之后，双方就座。一坐下来，老张就东拉西扯地侃了一个多钟头，但老李还是弄不清楚老张来访的意思，可老张是一个没有事情就不愿意轻易登别人家门的人，老李和老张认识几十年了，所以很了解他。由于时间实在太晚了。

老李只好委婉地下逐客令："老张！大家明天都还得上班，有什么事你就直说吧！或者我们明天再说！"

"没事！没事！我就是顺便过来和你聊聊而已！"

老李一听，只好站起来送客，一阵无语后，走到楼梯口，老李正要说再见时，老张开口道："老李，最近手头方不方便？能不能周转个两三万，下个月我准会还给你！"

原来老张是来向老李借钱的，但是一件只要几分钟就能解决的事，老张却磨了几个小时。

在销售中，顾客的心理也是一样的。

台湾散文家林清玄在《嫌货才是买货人》一文中写道：

有一次，我到市场买水果，与我熟识的果贩遇到了一位难缠的客人。"这水果这么烂，一斤也要卖50元吗？"客人拿着一个水果左看右看。

客人说："一斤40元，不然我不买。"

小贩还是微笑地说："先生，我一斤卖你40元，对刚刚向我买的人怎么交代呢？"

"可是，你的水果这么烂。"

"不会的，如果是很完美的，可能一斤要卖100元。"小贩依然微笑着。

不管客人的态度如何，小贩依然面带微笑，而且笑得像第一次那样亲切。客人虽然嫌东嫌西，最后还是以一斤50元买了。

明明嫌水果贵，又嫌水果不好，但是为什么这位客人还是以50元的价格买走水果呢？

这种事情对于推销员来说，应该是经常碰到的事情。有时候你去向客户推销某种产品的时候，客户拿起那件产品，左看看右看看，不是嫌价钱贵就是嫌这不好那不好。要是不懂行的推销员肯定就会顺着客户的要求降低价格把商品卖给客户。但是懂心理学的推销员则是不会卖的，因为他们知道客户指责商品背后的真实意图。

第一，客户想买这种产品。俗话说，嫌货才是买货人，顾客在对你的产品挑毛病的同时，也是他对此产品真正感兴趣的开始。他若是不感兴趣，不想要的话，也不会看得这么仔细，更不会看出这其中的问题所在。作为销售人员要永远记住一句话，那就是：嫌货才是买货人。这样的顾客才有可能买你的产品，而那些对你的产品不闻不问的顾客，是绝对不可能买你的产品的。

第二，客户想获得最大的优惠。客户指责你的商品，他的目的只有一个，就是要你自己主动压低价格，并且是把这种价格压到最低的程度。因为他们反反复复指责你的商品，就是希望他的这种指责能给你带来影响，让你自己主动地降低价格卖给他。

这种事情不管是我们自己，还是作为销售者，都会碰到，有时候我们自己就是这样的人。乔·吉拉德会怎样来应对这种事情呢?

首先，用微笑来面对客户的指责。微笑是销售员打开客户心灵之门的钥匙，也是提升自己形象的手段。同时，这也是销售员的一种修养，林清玄文章中小贩的这种修养就极好，他在客人“横挑鼻子竖挑眼”的情况下，能始终保持微笑，说明他有很强的职业道德素质，有一个能接受他人对自己提出批评的宽阔胸怀。因此面对这种微笑，客户会不忍心继续指责下去，同时，他们也会接受推销员开始提出的价格。

第二，对自己的产品要有信心。这名小贩在客户的再三指责下，还是坚持自己的价格，这主要缘于他对自己的水果很自信，要是他对自己的产品不自信的话，他肯定会在与顾客讨价还价的这场战争中败下阵来。

**推销秘籍**　坚持自己的原则，应对客户的指责。对于推销员来说，在推销的过程中也要有自己的原则，面对客户的讨价还价，不能无限制地降价，这样自己肯定会吃亏，只要是货真价实的商品，就应该坚持自己定出的价格。

## ◆ 每一个客户都渴望得到关怀

每一个人都有渴望被重视的心理，每一个人也都有渴望被关怀的心理。作为推销员，如果你能在平时给客户适当的关怀和重视，就能拉近自己与客户之间的距离，就能维系自己与客户之间的感情，让生意源源不断地做下去。

在销售中，大部分的销售员都会走入这样的一个误区，只知道去开发新客户，却不知道去巩固老客户，这是销售中的最大败笔。因为在销售行业中存在着“二八定律”，即一个推销员的成功在很大程度上是他的客户里面的20%的人提供的，而其余的80%尽管人数很多，但却不是很重要，而这20%的人基本上就是该推销员的老顾客。

那推销员要怎样去维系自己的老客户呢？最好的方法就是对客户多一些关怀。因为人人都有渴望被重视的心理，人人也都有渴望被关怀的心理。作为销售员，如果你能给客户适当的关怀和重视，就能拉近自己与客户之间的距离，就能维系自己与客户之间的感情，让生意源源不断地做下去。

乔·吉拉德每次上门去推销的时候，并不急着和客户谈“业务”，而是先询问、关心一下客户的家事。“汤姆，听说你儿子住院了，最近他身体好些了吗？”“杰克，你家买新房了，平时有什么需要帮忙的尽管说一声。”除此之外还主动帮客户整理柜台，张贴价格标签等。这让这位推销员在那一带非常受欢迎。

这告诉我们推销员的一声问候，一句关心，一件平常小事，往往能给人一种亲切感，让客户感觉推销员就像关心自己的“亲人”一样关心自己，形如“一家人”，这无形中就增进了推销员与客户之间的“亲情”关系。

乔·吉拉德被称为世界上最伟大的推销员。一次，一位中年妇女走进他的展销室，说她想在那儿坐坐打发一会儿时间。于是乔·吉拉德就与她开始了交谈，在闲谈中，她告诉乔·吉拉德想买一辆白色的福特轿车，就

像她姐姐开的那辆，但对面福特车的推销员让她过一个小时再去，所以她就先到这儿来看看。她还说这是她送给自己的生日礼物：“今天是我55岁的生日。”

“生日快乐！夫人。”乔·吉拉德面对这种情形，一边说，一边请她进来随便看看，接着出去交代了一下，然后回来对她说：“夫人，您喜欢白色的车，既然您现在有时间，我给您介绍一下我们的双门式轿车——也是白色的。”正谈着，乔·吉拉德的秘书走了进来，递给乔·吉拉德一束玫瑰。乔·吉拉德将这束玫瑰送给了那位中年妇女，“祝您长寿，尊敬的夫人。”

这位中年妇女被乔·吉拉德的这一举动感动了，眼眶都湿了。“已经很久没有人送我礼物了。”她说，“刚才那位福特车的推销员一定是看我开了部旧车，以为我买不起新车。我刚要看车，他却说要去收一笔款，于是我就上这儿来等他了。其实我只是想买一辆白色的车而已，只不过表姐的车是福特，所以我也想买福特。现在想想，不买福特也可以。”

最后她在乔·吉拉德那里买走了一辆雪佛莱，并写了一张全额支票。

其实从头到尾乔·吉拉德的言语中都没有劝她放弃买福特而买雪佛莱的词语。只是因为她在乔·吉拉德这儿受到了关怀，转而选择了乔·吉拉德的产品。有时候，推销员对客户的一点点关怀，就能够得到客户的信任与喜欢，那么接下来的生意也就好做了。

但话又说回来，关怀客户也不是随意地去关怀，不然起不到效果，还会让客户产生怀疑，到时候要想再接近客户就难了，那么，推销员要怎样去关怀客户呢？

首先，根据客户的不同需要，提供针对性的关怀。像卷烟销售员一样，可以传授客户一些卷烟保管知识；同时客户在经营上失利时，给予一定的支持；客户在情感上受挫时，给予一定的安慰；客户在碰到困难时，给予热情的帮助……这样的关怀都能拉近自己与客户之间的距离，取得客户的信任。

其次，为客户提供良好的售后服务。乔·吉拉德说，他卖出一辆车以后，要做三件事：服务、服务、还是服务。良好的售后服务是推销员获得回头客的主要原因，而良好的售后服务也是对客户的一种最大关怀。售后服务做得好，顾客必然会变成回头客，一次又一次地购买。

第三，与顾客常保持联系。乔·吉拉德认为，一次购买的结束意味着下一次购买的开始。好的推销员可以不断地从老客户身上得到订单，不仅如此，他还能从老客户推荐的人身上得到订单。

**推销秘籍** 与服务过的客户保持个人联系是非常重要的，时常给他们写信，关心他们的生活，问他们是否需要帮忙，问他们使用后的效果如何……这一系列的关怀带给客户的是心灵的温暖，他们会认为，这样的推销员才是真正关心自己的人，不买他们的产品要买谁的呢？

## ◆ 优质的服务就是最好的推销

推销是一种服务，优质的服务就是良好的销售。只要推销员乐于帮助顾客，就会和顾客和睦相处；为顾客做一些有益的事，就会形成非常友好的气氛，而这种气氛是任何推销工作顺利开展都必须的。

在现实生活中我们都知道，买东西的时候，在看中了店里的东西之后，再就是看服务人员的态度了，如果态度不好，再好的东西也不想买了。服务态度好不好，最主要就是看你有没有耐心，有的买家问得是很详细的，而且有的还喜欢逐个发问，不管买不买都要了解一番，碰见这样的买家，一定要耐心回答，不可爱理不理，这种买家即使现在不买，一般以后也会来买你的产品，这是很重要的潜在客户了。如果他对你的态度满意，在他需要这类产品的时候，一般会先到你的店里来看看。

推销员还要注意的一点是服务质量。其实这主要是看你能不能做到你所承诺的话，承诺的内容一般有这样几种方式：一是公司的公告里；二是产品的介绍里；三是同买家的谈话里。凡是你写出来的说出来的承诺都不能忘了。一旦问题出现，即使是赔钱，也要按自己做出的承诺办事。否则就是等于毁了自己的招牌，砸了自己的信誉，更谈不上什么好的服务质量了，那更别想有回头客了！

牛磊是一家公司的业务经理，负责复印机销售与售后服务部门的工作，他自从毕业以后就一直从事有关复印机的推销工作，一干就是七年。在这七年中，他由修理复印机的助理员晋升到推销部的经理，这对一个年仅29岁的小伙子来说，并不是一件容易的事。

牛磊在学校读的是机械专业，他之所以进入经营复印机的公司，只是抱着对机器维修的一份热情与喜爱。因为他从小就喜欢拆拆卸卸，不知道已经拆坏了多少东西。但是，这拆拆卸卸的过程使他渐渐对机器维修产生了兴趣。

抱着这种想法进入公司的他，非常认真地学习修理复印机的技术，所以，他的维修技术非常高，客户的复印机出问题都找他修理。当然，还有一个原因就是他待人和气，赢得了客户的好感。许多老客户都主动为他介绍新客户，由于他当时不是复印机推销员，所以他报价时总是尽量为客户争取最佳价格，客户只要一对比都知道他所提供的价格最合理，于是他的业务因此逐渐地拓展开来，并且使他获得了“年度销售总冠军”的头衔，不但在公司受到了上司和同事的肯定，同时更赢得了客户的认可。

如果有人向牛磊问起是如何成为年度销售总冠军的，他总会微笑着说：“其实最好的推销就是服务。”因为他一路走来，几乎没有主动去拜访过客户，大部分的业务都是由客户相互介绍而来，所以业务拓展对他而言几乎是毫不费力的事。虽然不断而来的客户群使他显得十分忙碌而且疲惫，但他心中却充满希望和成就感，因为他知道，每一个成交的客户，如果可以持续得到良好的服务，将来都会为他带来新的客户。如此周而复始的结果使他的业绩不断得以提高。

最好的推销就是服务。热情周到的服务、细致入微的关心都能拉近与客户之间的距离。

服务就是帮助顾客，推销员能够提供给顾客的帮助之处是多方面的，并不仅仅局限于通常所说的售后服务上。如，可以不断地向顾客介绍一些技术方面的最新发展资料；介绍一些促进销售的新做法；邀请顾客参加一些体育比赛等等。这些虽属区区小事，却有助于推销员与顾客建立长期关系。美国一家企业获得了轻合金技术资料，觉得适合另一家企业的需要，就提供给这家企业，这样就给顾客留下了好感。四川一位推销员为客户进行各种服务工作。他为某鞋厂生产新产品提供信息，为该厂派人到其他工厂参观学习生产工艺流程牵线搭桥，还将该厂在原材料提价后企业内部消化的经验写成报道，登在某报上。站在客户的立场上，他为客户做了大量的工作，赢得了客户的信赖，这家工厂就成为这位推销员的长期客户。

著名的推销员坎多尔弗十分注重售后服务，他认为优质的服务就是优质的推销。他说："要想与那些优秀的推销员竞争，就应多关心你的顾客，让他觉得你这儿有实至如归的感觉。你应该建立一种信心，让他永远不能忘记你的名字，你也不应该忘记顾客的名字。你应确信，他会再次光临，他也会介绍他的同事或朋友来。能使这一切发生的方法只有一个，就是你必须为顾客提供优质的售后服务。"

坎多尔弗不仅提供优质服务，而且还传授了他的售后服务方式，他说："有个好主意可使你在售后继续提供优质服务，那就是在成交后着手给他写上几句什么，或是打个电话。"

坎多尔弗总是坚持售后给顾客写上几句，下面让我们来看看他是如何写给客户的：

亲爱的约翰：

恭贺您今天下午做出决定，加入人寿保险。这当然是建立良好的长远理财计划的重要一步。我希望我们的会见是我们长期友好关系的开端. 再次对您购买保险表示感谢，并祝您万事如意。

您的忠诚朋友乔·坎多尔弗

“如果不与你的顾客保持联系，你就不可能为其提供优质的售后服务。”坎多尔弗在其推销生涯中，自始至终都牢记着这一信条，可以说这是他成功的关键所在。

当推销员把自己的产品推销出去后，最关键的就是要为客户提供优质的售后服务，让顾客知道，你一直在关心他，这样做，你就会收获到意想不到的结果。

日本推销员认为向顾客提供服务的最好方式是“最新、最有价值的情报”，这些情报最能让顾客感到欣慰。日本某食品公司了解到客户最需要“对客户经营最有效的情报”与“同业的情报”后，该公司立即将新产品的开发与经营情报的收集，列入推销员的工作中，并以一个经营管理顾问的姿态帮助顾客。这样，密切了推销员与顾客间的关系。对推销员而言，为顾客提供有价值的信息，是最有效的服务方式。

**推销秘籍** 推销员要时刻谨记：最好的推销就是服务。只要推销员乐于帮助顾客，就会和顾客和睦相处；为顾客做一些有益的事，就会造成非常友好的气氛，而这种气氛是任何推销工作顺利开展都必须的。

## ◆ 要像服务自己一样服务顾客

销售和服务本身就是无法分割的，只有做好服务才有成功的销售，一切服务的宗旨是让顾客满意，目的是为销售成功和延续服务。

销售人员要想做好销售工作和销售服务，最主要的是有个良好的心态，以正确的态度看待顾客、服务顾客，因为态度决定了你的行动，从而关系到服务是否被认可，销售能否成功的问题。

那么，良好的心态应该是什么呢？

（1）尊敬顾客是否尊敬顾客是态度的第一步。不论顾客的职业、身份、性别、年龄、学识等，顾客终归是“财神爷”，是和我们交流的朋友，是我们请教的对象，因为他们决定了我们的商品是否符合市场需要，我们的服务能否满足顾客的需求。而在销售过程中也必须得到顾客的尊重和理解，而这一切都决定了首先就要尊重顾客。

（2）换位思考。顾客是多种多样的，销售人员的想法不是总能适合每一位顾客。所以，在销售过程中要学会换位思考。学会这种方法也能让销售对于顾客的一些问题和做法不再不理解了，更能预先知道顾客想要什么，从而能使销售工作更加得心应手，更为顾客所接受。

（3）关心爱心。没有人会拒绝别人的关心，当销售人员发自内心地去关心顾客、帮助顾客的时候，顾客就可以从我们的言行举止中感觉出来。当顾客被我们打动、感动的时候，顾客的回报要远远超过购买的商品。和顾客建立互相关心的感情关系会让销售工作永远一帆风顺。

（4）坦诚相待。要和顾客坦诚相待，童叟无欺。顾客最受不了的就是欺骗。一切以不正当的手段或方法欺骗和诱导顾客的行为都是自断后路，失去了顾客信任，必会付出惨痛的代价。

（5）平等待客。无论生意大小，都要一视同仁、平等待客。千万不能因为顾客购物的数量少、价值低而爱理不理的，而对那些购买商品金额较

大、数量多的顾客过分地热情。有时候，许多顾客会因为感觉自己买东西较少，对销售人员感到有点过意不去。这时，如果我们及时地拿货给他们，并始终如一地为其服务的话他们就会从心底里认同你的服务。并且记住，没有永远的小顾客和绝对的大顾客。

（6）宽容理解。知识再渊博的顾客，也不可能对所有商品都了解，况且每天都有新商品问世。所以，顾客对某些商品一无所知，甚至有些看起来很幼稚的提问或异议是很正常的，这就需要销售人员的耐心、宽容和理解，需要仔细地介绍甚至是手把手地教。

（7）吃亏是福。并不是任何一次销售都是成功的，否则每人都成了比尔·盖茨。所以碰壁是正常的，销售不被顾客接受也是正常的。要把顾客提出的额外要求看作是提供优质服务的机会，尽量寻找积极的解决方式；把自己的错误当作改进的机会，顾客的异议当作成长的鞭笞，这样服务也会日臻完善了。

在现今的社会里，人人都有机会成为别人的顾客，人人也都会有为他人服务的时候，哪怕是单单拿我们自己而言，假如我们自己和朋友到街上去购物，店员一副爱理不理的样子。我们见到这副服务态度，即便是东西再好也肯定会扭头就走。以后也不会有再次消费的想法，甚至在其他朋友想去购物的时候也会出言阻止说，那家的东西一般，态度一点都不好，我看那边还有家态度挺好，货也和他们差不多，去那儿看看吧。

相信有类似遭遇的人也不少。其实，当你到一家店里消费时，哪怕是工作人员的一个简单的问好，一个简单的微笑就能温暖顾客的心，给我们留下一个好的印象。而恰恰有些商家就只顾着发展公司扩大版图，钻研开发新的高科技产品却唯独忽略了服务，当你走进店门时，给你的却是一副爱理不理，爱买不买的样子，不免让顾客心里不是滋味。“顾客是上帝”提了也有些年头了，在服务态度纷纷好转的今天，仍有这样的情况发生，不仅令人遗憾。其实，爱顾客就是爱自己。只有一心想着顾客，想顾客之所想急顾客之所急，真正把顾客当成“上帝”，才能更好地满足顾客要求，从而吸引更多的顾客。所以，只有商家多一些微笑，多一点服务，多一份热情，才能吸引更多的回头客，让他们成为自己的老顾客。

当然我们也不是提倡只爱惜上帝不爱惜自己，其实最首要的还是我们个人的整体素质和自我调整能力，下面给大家提供几个日常生活中保持良好心情的“建议”：

1. 转移情绪。人生的道路崎岖不平，坎坎坷坷，难免有挫折和失误，也少不了烦恼和苦闷。此时此刻，应迅速把注意力转移到别的方面去。比如有时碰到不顺心的事情或在家中与亲属发生争吵，不妨暂时离开一下现场，换个环境，或者同别人去谈谈心，或者参加一些文体活动，娱乐娱乐。这样很快就会把原来的不良情绪冲淡以至赶走，重新恢复心情的平静和稳定。

2. 憧憬未来。追求美好的未来是人的天性，也是人类生存和社会进步的动力。只有经常憧憬美好的未来，才能始终保持奋发进取的精神状态。不管命运把自己抛向何方，都应该泰然处之。不管现实如何残酷，都应该始终相信困难即将克服，曙光就在前头，相信未来会更加美好。

3. 向人倾诉。心情不快却闷着不说会闷出病来，有了苦闷应学会向人倾诉的方法。首先可以向朋友倾诉，这就需要先学会广交朋友。如果经常防范着别人的“侵害”而不交朋友，也就无愉快可谈。没有朋友的话，不仅遇到难事无人相助，也无法找到可一吐为快的对象。把心中的苦处能和盘倒给知心人并能得到安慰甚至计谋的人，心胸自然会像打开了一扇门一样明朗。除此之外，我们可以向亲人倾诉，学会把心中的委屈和不快倾诉给他们，也常会使心境立即由阴转晴。

4. 拓宽兴趣。兴趣是保护良好的心理状态的重要条件。人的兴趣越广泛，适应能力就越强，心理压力就越小。比如，同样是从领导岗位上退下来，有的人觉得无所事事，很容易产生无用、被遗弃等失落感。而有的人则觉得退下来后无官一身轻，可以充分利用这些时间看书、写字、创作、

绘画、弹琴、舞剑、养鸟、钓鱼、种花等等。总之，兴趣越广泛，生活越丰富、越充实、越有活力，你会觉得生活中处处充满阳光。

5. 宽以待人。人与人之间总免不了有这样或那样的矛盾事，朋友之间也难免有争吵、有纠葛。只要不是大的原则问题，应该与人为善，宽大为怀。绝不能有理不让人，无理争三分，更不要为一些鸡毛蒜皮的小事争得脸红脖子粗，甚至拳脚相加，伤了和气。应该有那种“何事纷争一角墙，让他几尺也无妨。长城万里今犹在，不见当年秦始皇”的博大胸怀和高风亮节。

除此之外，还要经常锻炼身体，合理饮食，养成良好的生活习惯，这些对于保持一份好心情也是至关重要的。

在运用了这些调整的方式之后我们在既对顾客负责了同时也对自己负责了，保持良好的工作心态之后，我们的明天才会更加有希望，才会更加光明。

**推销秘籍**　销售和服务本身就是无法分割的，只有做好服务才有成功的销售，一切服务的宗旨是让顾客满意，目的是为销售成功和延续服务。

## ◆ 如何处理好客户的投诉

在推销过程中，客户往往因为产品质量和推销员的服务态度等不满，提出投诉。任何一位推销员都不希望自己被投诉。因为被别人投诉了，可能说明你在工作中或者你在为人处世方面做得不够好、未能让别人满意、不能让别人信服，给对方带来了物质上或者精神上的损失或者伤害。

其实投诉并不可怕，可怕的是我们不能正确地去面对。有些人面对投诉，抱着消极、报复的心态去处理，这样的处理方式显然是错误的。正确地去面对投诉，去处理投诉，不但可以锻炼自己处理复杂问题的能力，培养自己的协调能力，而且还能从处理投诉的过程中，提高客户的忠诚度.拉近与客户之间的距离，维护好与客户之间的关系。特别是随着售后服务的规模化，处理客户投诉的程序与方法有了更为严格的规定：

第一，建立客户意见表(或投诉登记表)之类的表格。当接到客户异议的信息时，要在表格上记录下来并及时确认信息的正确性。

第二，专业的售后服务人员接到信息后应尽快通过电话、传真或到客户所在地进行面对面的交流沟通，详细了解客户提出异议的内容，如产品购买的时间、是如何使用的、问题的表现状况、在使用本产品前曾使用何种品牌等。

第三，分析这些问题的有关信息，并做好向客户说明及解释的工作，规定与客户沟通协商的原则。

第四，将问题向领导汇报，同时提出自己的处理意见，待领导批准后，要及时答复客户。

第五，客户同意处理方案后，签下处理协议。

第六，将协议反馈回企业有关部门实施，如需补偿的，则应尽快将补偿送至客户手中。

第七，跟踪处理结果的落实，直到客户答复满意为止。

面对客户措辞严厉的异议，有人可能会非常气馁，甚至有些女销售人员会掉眼泪，但是有的人会比较坚强，遇到客户的异议，能比较冷静地分析出现问题的原因以及解决问题的方法。随着消费者素质的提高和法律意识的不断增强，企业对销售人员的专业知识和透明度有了越来越高的要求，对售后服务人员的业务素质和水平也有了越来越严格的规定。所以面对客户的投诉和异议，无论是企业，还是基层的销售人员，都要在思想上高度重视起来，采用正确的处理方法：

第一，确认客户遇到的问题。认真仔细、耐心地倾听客户的叙述，边

听边记录，在对方陈述过程中判断问题的起因，抓住关键因素。尽量了解异议产生的全过程，听不清楚的，要用委婉的语气进行详细的询问，注意不要用攻击性的言辞。然后，把你所了解的问题向客户复述一次，让客户予以确认。了解完问题之后还要征求客户的意见，询问他们期待如何处理，有什么要求等。

第二，分析问题。在自己没有把握的情况下，不要立即下结论，也不要轻易许下承诺。最好的方法是对客户说："等我向企业领导汇报之后尽快给您答复。"

第三，互相协商。经过与领导的协商并得到明确的处理意见之后，在与客户沟通之前要考虑以下问题：公司与客户之间，是否有长期的交易关系？当你努力把问题解决之后，客户今后是否可能再度购买？客户的要求是不是无理要求或过分要求？如果是客户方面不合理，且日后再次购买的机会不大，你大可明确地拒绝。但是，我们在与客户协商时同样要注意言辞表达，要确保语意表达清楚明确，尽可能听取客户的意见并观察其反应，抓住要点，尽量妥善解决。

第四，处理及落实处理方案。当有了处理方案后，要明确地通知客户，并且在以后的工作中跟踪落实的结果，直到客户表示满意为止。

另外，在了解了处理客户投诉的方法以后，还要采取具体的实施办法。这里给销售人员介绍一下处理客户抱怨与投诉的"七个一点"：

1、耐心多一点

在实际处理中，要耐心地倾听客户的抱怨，不要轻易打断客户的叙述，还不要批评客户的不足，而是鼓励客户倾诉下去让他们尽情发泄心中的不满，当耐心地听完了客户的倾诉与抱怨后，当他们得到了发泄的满足之后，就能够比较自然地听得进服务人员解释和道歉了。

2、态度好一点

客户有抱怨或投诉就是表现出客户对企业的产品及服务不满意，从心理上来说，他们会觉得企业亏待了他，因此，如果在处理过程中态度不友好，会让他们心理感受及情绪很差，会恶化与客户之间关系反之若服务人员态度诚恳，礼貌热情，会降低客户的抵融情绪。俗话说："怒者不打笑脸人。"态度谦和友好，会促使客户平复心绪，理智地与服务人员协商解决问题。

3、动作快一点

处理投诉和抱怨的动作快，一来可让客户感觉到被尊重，二来表示企业解决问题的诚意，三来可以及时防止客户的负面情绪对企业造成更大的伤害，四来可以将损失减至最少，如停车费，停机费等等，一般接到客户投诉或抱怨的信息，即以电话或传真等方式了解具体内容，然后在企业内部协商好处理方案，最好当天给客户答复。

4、语言得体一点

客户对企业不满，在发泄不满的言语陈述中有可能会言语过激，如果服务人员与之针锋相对，势必恶化彼此的关系，在解释问题过程中，措辞也要十分注意，要合情合理，得体大方，不要一开口就说："你怎么用也不会？""你懂不懂最基本的技巧？"等等伤人自尊的语言，尽量用婉转的语言与客户沟通，即使是客户存在不合理的地方，也不要过于冲动，否则，只会使客户失望并很快离去。

5、补偿多一点

客户抱怨或投诉，很大程度是因为他们采用该企业的产品后，他们利益受损，因此，客户抱怨或投诉之后，往往会希望得到补偿，这种补偿有可能是物质上如更换产品、退货，或赠送礼品使用等，也可能是精神上的，如道歉等，在补偿时，企业认为有发票进行补偿才能定位客户的，应该尽量补偿多一点，有时是物质及精神补偿同时进行，多一点的补偿金（当然，这点得按公司规定），客户得到额外的收获，他们会因感受到企业的诚意而对企业再建信心的。。

6、层次高一点

客户提出投诉和抱怨之后都希望自己的问题受到重视，往往处理这些问题的人员的层次会影响客户的期待解决问题的情绪。如果高层次的领导能够亲自到客户那里处理或亲自打电话慰问，会化解许多客户的怨气和不满，比较容易配合服务人员进行问题的处理。因此处理投诉和抱怨时，如果条件许可，应尽可能提高处理问题的服务人员的级别，如本企业领导出面（或服务人员任职为某部门领导）或聘请知名人士协助等。

7、办法多一点

很多企业处理客户投诉和抱怨的结果，就是给他们慰问、道歉或补偿，赠小礼品等等，其实解决问题的办法有许多种，除上所述手段外，可邀请客户参观成功经营或无此问题出现的客户，或邀请他们参加企业内部讨论会，或者给他们奖励等等。

总之，只有我们认识到客户投诉的重要性，积极面对、迅速处理、以诚相待、善意地化解客户的投诉与异议，满足其愿望，继续对其提供优质高效的服务，将客户的投诉当作一种资源来利用，才能达到双赢的目的。

**推销秘籍**　推销员要认识到客户投诉的重要性，积极面对、迅速处理、以诚相待、善意地化解客户的投诉与异议，满足其愿望，继续对其提供优质高效的服务，将客户的投诉当作一种资源来利用。

## ◆ 让客户满意是服务的根本

在市场浪潮中，如何将一次性客户转化为长期客户，把长期客户转化为终身忠诚客户，是企业立于不败之地并不断开疆拓土的砝码。而做到这些的根本前提就是“让客户满意”。

面对丰厚的“市场蛋糕”，越来越多的企业在生产经营中开始关注顾客，并以顾客的需求和利益为中心，最大限度地满足顾客的需求欲望和长远利益。在市场的有效调节下，“以客户为中心”的经营理念伴随着客户关系管理的先进工具和方法，已经逐步成为广大企业的行为和思想的准绳。市场的竞争实际上是赢得顾客的竞争。市场的反应说明了一个道理：“以客户为中心”时代已经来临。那么如何赢得客户、维持客户成为了关系到企业生死存亡的大事。

任何一种产品、任何一个企业，要想取得绝对性的胜利，其产品的售后服务可以说是一个极为重要的环节。而做好售后服务工作，关键和根本的目的就是要满足客户的需求，让客户满意。

销售心理学中，客户的满意程度通常分为三种情况：第一种是需求没有得到满足，客户对服务不满意，继而产生不满、发牢骚，进行产品投诉，甚至还会出现过激的行为。第二种是没有不满意，也没有十分满意。作为服务的提供者，企业或销售人员承诺给客户的东西给予了兑现，客户没有太多的感觉，既不会表示出什么满意也不会表示出哪里不满意，他们觉得你只是做了你应该做的事情，这是大多数消费者的心态。第三种就是满意，企业或销售人员提供的服务，超出了客户的预期，他们的反应是满意、心存感激。感到满意的他们会为产品和品牌说好话、做宣传，产生“口碑效应”。

销售人员追求的目标应该是第三种情况，也可以说是售后服务的最高标准和最高境界。售后服务的根本目标就是让客户满意。

老李最近买了一处所房子，房子很大，但价钱也很高。买了房以后的老李总有一种买贵了的感觉，越想越觉得这房子买得不值得。就在他买了那所房子几个星期之后的一天，卖房子的那个推销员给陈东打来电话，说想要登门拜访，和老李预约一下时间。老李答应了他的拜访，把时间定在

了周末的上午。

周末上午，推销员来了，他一进屋就说老李选择了一所好房子，并表示祝贺。他一直跟老李闲聊，讲了当地的许多小故事，然后又邀请老李随他在小区里转一转。在小区里闲逛的时候，推销员指着其他房子和老李购买的房子进行比较，指出老李的房子的优越之处，还告诉老李，附近几个住户都是有身份的人。

推销员的一番话，让老李很是开心，他现在认为这个房子买得很值得，以前的抱怨一扫而光。那天，推销员周到的服务让老李大受感动，他表现出的热情甚至超过卖房的时候。老李相信这名推销员的业绩一定会很好，而且提升很快，因为他给了顾客温暖。

推销员为什么用了整整一上午的时间来拜访老李，而不是去寻找新的客户。也许有人认为他这样做没有意义，事实上他所做的一切都是有计划的，因为他知道，只有让客户满意才能使自己获得好的声誉，才有更多的客户来这里购买房子。一周之后，老李的一位朋友来做客，对旁边的一幢房子产生了兴趣。老李便把那位推销员介绍给了他。朋友并没有买那幢房子，而是从推销员手里买了一幢更好的房子。

如何提高客户服务质量和服务水平，从而提高客户满意度，应从下面几方面进行：

1．提高员工的服务意识

员工的服务意识是提高服务质量的最基本因素，根据心理学角度，人的意识对人的行为具有十分重要的决定作用。如何提高员工的服务意识，让员工觉得为客户服务是一件非常有成就感、非常有意义的事，这是提高服务质量最基本的要求。

2．树立全员意识

某个公司的服务质量，不是某个服务部门的服务人员服务水平的提高而提高的。它是一个全员性、全面性的提高。如生产公司的工人怎样提高产品质量，及时完成生产任务工作便是提高服务质量的一个重要因素。

3. 立足本职，自我提高

每一位员工必须做好本职工作，同时要提高自身各方面的素质。尤其是作为服务部门的服务人员显得更为突出。如一个客户上门咨询或来电咨询时，一问三不知。这样的服务是不称职的，是失败的服务。

另外，推销员做好售后服务，还要做好自己份内的工作，提供超出客户预期的超值服务。比如说，我们承诺接到维修电话 24 小时内上门服务，而实际上却能做到不超过 3 小时就有人上门，这就是超过预期。如果每次都能超过预期，并且提供非常专业的技术服务，这时客户就会感到满意。如果上门售后服务的人员在完成维修任务后还做一些额外的服务，如把垃圾带下楼等，就会给客户一个惊喜。在这个时候，客户的满意就会是发自内心的。售后服务人员一旦“把让顾客满意”作为自己的追求目标，就会把整个服务过程做得更好，更有效果，提供更加人性化的服务。

要始终如一地提供给顾客满意的服务，售后服务人员需要具备强烈的服务意识。心态一定要平稳，保持不急不躁、不卑不亢。售后人员的服务意识的强弱是决定能否给客户提供优质、令客户满意的服务的基础。

在进行售后服务时要做好与客户的沟通，一切从客户利益出发。如果售后服务工作没有做好，通常是售后人员在刚开始与客户沟通时，就没有给对方留下好的印象，或者未能打消客户对公司及产品的疑虑。一个好的售后人员不但懂得扮演好自己的角色，更清楚客户的期待。只有与客户进行积极的沟通，并帮他解决了实际问题，他才会乐意接受你和你的产品，并为今后的持续性购买创造机会。

总而言之，“以客户为中心”、“让客户满意”对于改善公司在营销环节已知和可能的障碍，帮助公司提升营销效果，从而创造更丰富的业绩都起到了关键作用。只有公司真正重视，把客户关系管理提高到公司战略的层面上考虑，公司才可能成为“让客户满意”的现实受益者。

**推销秘籍**　推销员要想提升业绩，公司想要生存，首先就要将“以客户为中心”“让客户满意”放在推销战略的最前沿。

## ◆ 真正的推销始于售后

“真正的推销始于售后”，其含义就是，在成交之后，推销员能够关心顾客，向顾客提供良好的服务，既能够保住老顾客，又能够吸引新顾客。你的服务令顾客满意，顾客就会再次光临，并且会给你推荐新的顾客。

销售，是一个连续的活动过程，只有起点，没有终点。成交并非是推销活动的结束，而是下次推销活动的开始。在成交之后，推销员要向顾客提供服务，以努力维持和吸引顾客。

推销的首要目标是创造更多的顾客而不是销售；因为有顾客，才会有销售；顾客越多，销售业绩就越大；拥有大批忠诚的顾客，是推销员最重要的财富。

推销员要创造出更多的顾客，一个重要途径是确保老顾客，使现有的顾客成为你忠实的顾客。确保老顾客，会使你的生意有稳固的基础。能否确保老顾客，则取决于推销员在成交后的行为。推销员不仅要做成生意，而且要与顾客建立关系。在成交之后，推销员要努力使顾客的大门对未来的销售总是敞开着，而不是断送机会。

一些推销员信奉的准则是：“进来，推销；出去，走向一位顾客。”他们在产品推销出去后便认为完事大吉，就像断了线的风筝一样，不知去向；待到要再次推销产品时，也不厌其烦地去敲顾客的大门，这是一锤子买卖的生意经。

这些推销员只顾寻找新顾客而丢掉了自己最重要的顾客，其结果找到的新顾客为丢掉的老顾客所取代，得不偿失。一位推销专家深刻地指出，失败的推销员常常是从找到新顾客来取代老顾客的角度考虑问题的，成功的推销员则是从保持现有顾客并且扩充新顾客，使顾客越来越多，销售业绩越来越好的角度考虑问题的。对新顾客的销售只是锦上添花，没有老顾客做稳固的基础，对新顾客的销售也只能是对所失去的老顾客的补偿，总的销售量不会增加。

与失败的推销员相反，成功的推销员把成交之后继续与顾客维持关系视为推销的关键。他们信奉的准则就是："真正的推销始于售后。"他们的生意经就是："推销的最好机会是在顾客购买之后。"他们就是靠在销售之后继续关心顾客获得极大成功的。

一天，当一位推销吸尘器的推销员外出推销拜访时，他拜访了一名拥有三部"电豪"牌吸尘器的客户。

客户对推销员说："我是'电豪'的忠诚用户，我在楼上、楼下各放了一台你们公司的吸尘器。我还有一台打光机也是你们的产品。但是你知道吗，你们公司的推销员卖给我这些机器之后．就不再出现了。"

推销员回答说："现在我在这里，下面让我看看你的机器。"

客户请他进去，他进去后马上将吸尘器的管嘴拆下来，并开始清理。然后他将一个标签贴在机器上说："如果你有任何问题或需要，请你一定要打电话给我。"客户十分满意地接受了。

出于习惯．他接着说："既然我现在在这里，就让我展示一下我们公司新的地毯清洁剂以及新的吸尘器。"虽然他知道这位客户不会购买任何东西，但是他还是详细地为这位客户介绍新产品的每一个特性(他相信人有行为惯例)。

听他讲完后．客户表现出极大的兴趣，说："哦，我喜欢，我可以拿我的旧吸尘器折价换购吗？"

推销员最后以折价换购的方式卖给她两台机器，这位客户则为推销员

提供了三个邻居与三个亲戚的名字，之后这六个人都向推销员买了东西。这位客户在教会里也十分活跃，因此她也提供给推销员一长串的教友名字。结果是，在接下来的六个月里，推销员卖出了额外的 50 台机器。

作为推销员，要坚持和自己的客户保持联系，时刻给客户提供优质的服务。在客户收到产品的第二天，推销员应同客户及时联系并询问他是否使用了自己的产品。如已经使用，推销员应以关怀的口吻询问他是如何使用的，有无错误使用，如没有使用应该弄清楚原因，并有针对性地消除他的顾虑，并给予适当的称赞和鼓励。这样才能得到更多的潜在客户信息。具体来说，产品销售完成后的服务有一个整体的流程：

第一，表示感谢。在成交后，销售人员要利用适当的时机和方法，向客户表示感谢。可用书信、电话或亲自登门等方式。

乔·吉拉德被誉为“世界最伟大的销售员”，其成功的秘诀之一就是他在成交后总是想方设法地的感谢客户，他每个月都要给他的一万三千多名客户写一封信。在乔·吉拉德与客户握手告别的时候，他的助手就已经把感谢信装进了信封。

第二，检验交货。如果是销售人员亲自去交货，在交货之前应先自行查验，保证产品的完整，减少因质量问题造成的不良印象。由其他人送货时，销售人员应与负责交货的人员密切联系，在货未出门之前先做好检查和核对，避免发生问题。

交货完毕后，应尽快询问客户意见，若有问题发生，应及早解决。这种检验交货的行动有三个好处：一是保证满意交货；二是维持企业和产品的信誉；三是避免因交货失误而引发客户的不满。

第三，测试安装。对于某些需要技术性人员负责安装的产品，销售人员要安排专业人士安装，务必使其运转正常。

第四，日常养护。对于新上市或结构复杂的产品，客户对其使用方法不能完全掌握，在成交后，需要销售人员给予客户产品的使用操作指导和说明。另外，销售人员还需要向客户耐心传授产品的日常维护、保养和修理的简单知识。

第五，书面调查。当客户对一切跟进表示满意之后，销售人员不妨趁机请求客户对其所购买的产品及服务进行评价。书面调查会更好。

第六，建立联系。销售人员要与客户建立长期的业务联系，需要通过售后跟进来进行。跟进既是销售业绩的保证，也为日后扩大销售奠定了基础。

第七，诱导客户重复购买。如果销售人员的跟进策略成功，使客户满意，那么他就可以转为顺利地诱导客户重复购买他的产品。事实上，客户重复购买，是售后服务的一个重要的目的，同时也是企业长远发展的先决条件。

“你忘记顾客，顾客也会忘记你。”这是国外成功推销员的格言。在成交之后，继续不断地关心顾客，了解他们对产品的满意程度，虚心听取他们的意见，对产品和推销过程中存在的问题，采取积极的弥补措施，防止失去顾客。推销员与顾客保持密切的关系，时刻为客户提供优质服务，可以战胜所有的竞争对手。

**推销秘籍** 真正的推销始于售后，成交并非是推销活动的结束，而是下次推销活动的开始。所以推销员要时刻为客户提供优质服务，为挖掘发现更多的潜在客户做准备。

# 第七章　销售就是拼人脉

乔·吉拉德曾说："口才在一个人的成功推销中的作用只占15%，而其余的85%则取决于人际关系。"由此可见，人际关系是相当重要的。因此，对于销售员来说，要做好自己的销售，就不要忘记建立自己的关系网，如果你能够认识一个客户就结交一个朋友，朋友多了销售的路子自然好走。

## ◆ 朋友越广，订单越多

在好莱坞流行这样一句话："一个人能否成功，不在于你知道什么，而在于你认识谁。"正如这句话所言，这是一个讲求人际关系的年代，谁都不可能成为鲁滨逊那样的孤胆英雄，不管你是商界的领军人物，还是普通的公司职员，都不能逃脱人际关系的影响。

在这个世界上，到处可以看见很多有才华的销售员，他们才华横溢、能力超群，有的甚至有着"上天入地"的本领，但为何最终落了个业绩平平的下场呢？究其原因，就是缺少朋友！

美国著名推销大师乔·吉拉德在总结自己的推销经验时："口才在一个人的成功推销中的作用只占15%，而其余的85%则取决于人际关系。"所以，无论你从事什么职业，学会处理人际关系，你就在成功路上走了85%的路程，在个人幸福的路上走了99%的路程。无怪乎美国石油大王洛克菲勒说："我愿意付出比天底下得到其他本领更大的代价，来获取与人相处的本领。"

而销售就更需要你去积累人脉，你只有拥有足够多的朋友，才能举起成功的大旗。

余羽根是台州黄岩院桥山北村人，义乌台州商会副会长，义乌晓鑫帽业有限公司董事长。他在几十年的经商生涯中，深深地体会到了朋友对于做生意的重要性。

2001年10月的一天，余羽根在公司里打理自己的生意，正在这时，他接到一个陌生的电话号码。电话里，一位男子很热情地跟他套近乎："是余羽根董事长吗？我是一个在哈尔滨做帽子生意的，我叫某某，我认识你，我这里还有你的名片呢！"你找我有什么事吗？""是这样的，现在北方很

冷了，我想向你进一批货，我先把钱给你打过去，你见了钱就发货吧。”余羽根看对方这么爽快，于是答应了对方。

接到生意的余羽根自然很高兴，没有想到对方这么爽快，心里还直嘀咕：这个客户真讲信用，没发货就先把钱打过来。第二天，余羽根果然收到了对方汇来的7000元货款。余羽根收到钱后，立即为对方准备好货，并通过货运站托运过去。几天后，对方打来电话说，货已收到，销路很好，还对余羽根说了一大堆感谢的话，并表示以后还要继续合作。

一个多月后，余羽根又接到了这个哈尔滨客户的电话：“余董事长，我现在手头上货源奇缺，现在的帽子在哈尔滨供不应求，你能不能再给我弄些货过来，这一次我想多进点儿货，品种也齐全一些，十多万元吧，明天我就给你把钱打过去。”余羽根心想，这个客户如此讲信用，还有什么好说的。于是立即组织人员，连夜为对方准备好了这批帽子。第二天，对方就将银行汇款凭单传真给余羽根，说钱已经汇出，不日即可到账，希望赶紧把货托运过去。收到银行汇款传真的余羽根，知道对方很急，了解做生意一天一个价的道理，于是抓紧时间将十多万元的帽子全部送到了托运站，并告诉对方货已经发出。

由于事情繁忙，余羽根两天之后才到银行去查款，但是钱还没有到。晚上余羽根和朋友聊天的时候，聊到了自己的这笔生意。朋友一听，感觉不对劲儿，十多万元，但是连对方长什么样都不清楚，可能有诈。他们劝余羽根赶快去银行核实那张汇单的传真是不是真的。果然不出所料，银行工作人员对余羽根说，汇单是假的，对方根本就没有汇一分钱过来。此时的余羽根知道自己上当受骗了。在几个朋友的帮助下，他们立即与托运站方面取得联系，告之原委，希望托运站将货扣下，不要发给哈尔滨的那个客户。在托运站的配合下，对方来提货时被拒绝了。知道骗局已经败露的“客户”从此没有了任何音讯。

事后，余羽根感慨道，幸好有朋友们的帮忙，要不然自己就要被骗十多万元了。

其实，销售就像一张蜘蛛网，朋友众多，你才能在这一行业中左右逢源、四通八达。这样就没有到不了的地方，也没有拿不下的订单。而一旦失去朋友这一宝贵资源，则必定在销售行业中寸步难行。

事实就是如此，一个销售员交朋友的能力，直接决定他的人生发展和事业高度。朋友多少决定订单的多少，朋友层次的高低决定你订单的大小。难怪美国石油大王洛克菲勒说："我愿意付出比天底下得到其他本领更大的代价，来获取与人相处的本领！"

**推销秘籍** 先交朋友，再做销售。这是中国特色的销售模式，在某种意义上说，它已经成为中国销售员心照不宣的成功潜规则。一个不懂游戏规则的人必定会出局，只有洞悉了这一成功的潜规则，为自己赢得更多的朋友，才能在销售中立于不败之地！

## ◆ 和成功的人在一起你也会成功

一本犹太人至死研读的书籍《塔木德》中有一句话：和狼生活在一起，你只能学会嗥叫；和那些优秀的人接触，你就会受到起好的影响，耳濡目染，潜移默化，从而成为一个优秀的人。

有人做过一个这样的实验："请你写下和你关系最亲密的5个朋友，记下他们每个人的月收入，从他们的收入我就知道你的收入。为什么？因为你的收入就是这5个人月收入的平均数。"

大家都觉得这很可笑，自己的收入怎么会由自己的朋友来决定呢？于是参与实验的人都只把它当作是一个玩笑，但是参加者还是按着主持人的话做了，每个人在自己的纸上写上自己5个朋友的名字，并且也写上了他

们的收入。

当参与者把这些朋友的名字和月收入写完之后，刚才还笑容满面的脸开始慢慢地凝固，因为每一个人发现，自己的收入真的和这些朋友的收入差不多。月收入两千多块钱的人，他的朋友们月收入也大多是两千多块钱；资产100万的人，他的朋友们大约也是100万左右；而使用信用卡循环利息的人，他的朋友们也几乎都处于负债的边缘状态。

为什么会有这种现象呢？是巧合吗？不巧合的话怎么会有这种惊人的相似呢？

其实这完全不是巧合，这正像中国的一句古话说的："物以类聚，人以群分；近朱者赤，近墨者黑。"你去看看你身边的那些人，他们是干什么职业的，基本上他们身边的朋友也干什么职业，老师的朋友，通常也是老师；医生的朋友，通常也都是医生；出租车司机的朋友，通常也都是出租车司机；做生意的朋友，通常也都是做生意；当老板的人，他们的朋友通常也都是老板；亿万富翁的朋友通常也都是亿万富翁……

所以，我们的朋友也就不可否认地影响着我们的人生。

你想想，你的很多决定是不是在你朋友的影响下做出的，你的很多想法是不是在你朋友的建议下出现的，甚至一些生活习惯也受你身边的朋友们的影响。

因此，有一句话说得好：你想成为什么样的人，你就必须和什么样的人在一起。想成为健康的人，那你就和健康的人在一起，因为他会告诉你如何保养身体；想成为快乐的人，就和快乐积极的人在一起，因为他会告诉你如何拥有快乐积极的心态。而如果你想减肥，就千万不要和一个胖子在一起，因为除了遗传因素，一个人之所以胖是因为他从来不知道节制食欲，而且他通常会有一种不在乎胖的理论，你跟他在一起，就会在不知不觉中受到他的影响，那你的"瘦身计划"就不可能成功！

著名成功学家陈安之说："成功人都是做别人不能为、不敢为、不屑为的事情。要想成功就跟成功人学，跟成功人做，少走弯路，直达成功。”所以，你要想成功，你就得和成功的人在一起。

亚洲销售女神徐鹤宁，为了进入陈安之的培训机构，为了能和陈安之一起工作，一起同台演讲，于是她拼命地工作，最后她成功了。

有一次陈安之在培训课上，讲了一个他自己的故事。

我有一位叫马克·汉森的朋友，他写了一本叫作《心灵鸡汤》的书，这本书在全世界畅销5500万本。有一次，我很幸运地跟他同台演讲，演讲完之后，晚上我跟他一起吃饭，一起聚餐。后来我说：“马克·汉森先生，你的书为什么可以卖到5500万本？”我说：“我的书在亚洲加磁带大不了1000万本了不得了，你远远超过我4500万本的销售量，你到底是怎么成功的？”

马克·汉森先生跟我讲，他说：“啊，成功就是看你跟谁在一起。”他说：“我在七年之前，在美国遇到一个人，我跟他一起同台演讲，演讲完之后，我私下请教他一些秘诀，结果这个人的一句话改变了我的一生。”我说：“那个人叫什么名字？”他说：“陈先生，你认识一个叫做安东尼·罗宾的人吗？”我说：“马克·汉森先生，我当然认识，他是我的启蒙老师，我是他亚洲地区的总代表，我怎么可能不认识他？”我说，“安东尼·罗宾教了你什么成功的秘诀，让你成为了全世界最畅销书的作者？”

他说有一次他跟安东尼·罗宾同台演讲，演讲下台之后，他说：“安东尼·罗宾啊，我们都在教别人成功，为什么我年收入才一百万美金，你却赚五千万美金？你的收入是我的五十倍。我不是抱怨说我一百万美金收入太少，而是你真的比我成功好几十倍以上，请你告诉我成功的秘诀。”

安东尼·罗宾只说了一句话，他说：“马克·汉森先生，你每天都跟谁在一起？”马克·汉森很骄傲地回答：“安东尼·罗宾，我每天都跟百万富翁在一起。”安东尼·罗宾笑了一下，说；“这就是你的问题。”他说，“我每天都跟亿万富翁在一起。”

和亿万富翁在一起，你就会成为亿万富翁，和百万富翁在一起，你也

就只能成为百万富翁。所以犹太经典《塔木德》中有一句话：和狼生活在一起，你只能学会嗥叫；和那些优秀的人接触，你就会受到良好的影响，耳濡目染，潜移默化，从而成为一个优秀的人。

在微软，我们都知道比尔·盖茨，而对微软的副总裁保罗·艾伦却知之甚少。曾有人认为，保罗·艾伦是一位“一不留神成了亿万富翁”的人。其实，这是一种误解，真正的原因是艾伦年轻时就与盖茨在一起，他们志趣相投，一起干事业。当初他们在波士顿注册了一家名为微软的计算机软件开发公司，总经理比尔·盖茨，副总经理保罗·艾伦，这就奠定了他的未来。现在微软公司已成为世界上的一个巨无霸，总经理已成为人所共知的世界首富。副总经理在总经理的巨大光环下，虽然有些黯淡，但在《福布斯》富豪榜上也名列前五位，个人资产达210亿美元。这就是富人朋友对一个人的影响力。

**推销秘籍** 如果你想成为一个有钱人，那么无论你多穷，都要坚持站在富人堆里。穷人只有站在富人堆里，汲取他们致富的思想，比肩他们成功的状态，才能真正实现致富的目标。如果你要成为一名成功的销售员，那么你就必须和成功的销售员在一起，只有这样你才能实现你的目标。

## ◆ 开动脑筋和客户建立关系

有时候我们总想见上客户一面，但是这一面却比登天还难。有时候，我们苦口婆心地为客户介绍产品，并且客户也确实需要这种产品，但是客户就是不买我们的账，我们怎么办？使用点儿“手段”吧，也许这会让你找到一条接近客户并与客户成为好朋友的路，那么你的订单不用你说，客户也会愿意在上面签字了。

司徒北是北京一家计算机公司的销售代表，他已经拿下了一个公司的项目，就等这家公司的总经理拍板了，但是几个月来，他就是见不着这位总经理。他和该公司的工程师关系很好，其实他可以通过工程师直接去拜访总经理，但是他知道，这样的拜访是徒劳的。他经历过太多这样的拜访：双方有礼貌地握手，谈一些海阔天空的话题，然后握手告别，最后订单还是拿不到。这一次他要想一个办法，来一次与众不同并且一锤定音的拜访。

机会终于来了。工程师告诉他，他们公司的总经理要去深圳开会。这是一次难得的机会，于是一个想法开始在司徒北的头脑中形成。

他先在公司的宣传栏里记住了总经理的样子，然后他打听到总经理所要乘坐的飞机，于是定了同一班飞机的机票，提前两个小时到达机场。他直奔办理登记手续的窗口，因为他是第一个来的人，于是他坐在旁边的凳子上买了份报纸看了起来。不久，旅客们陆续地来排队办理手续，他一边看报纸，一边观察着。他终于等到了总经理的出现，一个人提着行李箱过来。司徒北立即从总经理后面绕出来，排在他的后面。拿到登机牌后，他也没有与总经理打招呼，直接进入候机厅。

飞机就要起飞了，司徒北登上了飞机，找到自己的座位，拿出早已准备好的杂志，然后坐到自己的座位上。他带的杂志是《商业周刊》，这期专门谈到了全球的电信市场，封面的专题就是关于全球电信市场的大幅介绍。总经理一定会对这本杂志感兴趣的，司徒北心想。

由于机场发登机牌是按照排队的顺序发的，司徒北由于站在总经理的后面，于是他被安排在了总经理的身边，果然不出所料，一会儿，总经理随着人流登上了飞机，坐在了他的旁边。

飞机起飞之后，司徒北就拿着杂志看了起来，他很快地将杂志翻完了，放在自己的面前。总经理看到了封面，犹豫了一下还是向他请求借来看。

北京到深圳的飞行时间有 2 小时 40 分钟，司徒北将书借给总经理以后，就和总经理攀谈起来。两个人都是电信运营的专家，自然聊得十分投

机。下了飞机之后，司徒北本想直接返回北京。但是看到总经理相逢恨晚的目光，就决定留下来。他要来总经理的手机号码并约好第二天一起去打高尔夫。

就这样，司徒北和总经理成了好朋友，他们回到北京之后，很快就签了合同。

销售大师乔·吉拉德也不时地用些“手段”对付那些顽固的客户，并且效果还不错。

一次，乔·吉拉德去拜访一位公司的老总，但是不管这位销售大师怎样苦口婆心，那位老总就是不买账，并且一再给这位销售大师下逐客令。但这位销售大师没有这么轻易就放弃，他想到一条妙计：“先生，您这么年轻，和我的年龄差不多，您怎么会这么成功呢？有没有什么秘诀？”

这样一问，加上这位乔·吉拉德的真诚，这位老总的脸色一下子就缓和了下来，然后开始向乔·吉拉德讲述他的成功史。没有想到，刚开始下逐客令的老总，一讲就讲了三个多小时，而乔·吉拉德也每时每刻都在认真地听着。

最后，在告辞的时候，乔·吉拉德也没有跟这位老总提销售的事情，只是说想为这位老总的公司写一份计划书。三天之后，一份内容丰富、资料详尽的计划书摆在了这位老总的面前。而这位老总也真的按照乔·吉拉德的计划去实行，三个月之后，公司的业绩增长了20%，于是这位老总成了乔·吉拉德最好的朋友，不仅如此，这位老总后来还为这位乔·吉拉德介绍了许多大客户，让乔·吉拉德收获了源源不断的财富。

**推销秘籍**　对于销售员来说，销售当然是自己的目的，但是为了达成这个的目的，有些时候我们就需要跟客户进行周旋，尽力在周旋的过程中，将客户变成自己的朋友，朋友多了路总是好走的。

## ◆ 用好250定律

每一位与你做生意的顾客都可能代表着250名潜在的顾客。如果你的服务出色，你的每位顾客就有可能推荐另外250人与你做生意；反之，如果你的服务拙劣，你就会塑造出250个敌人。

乔·吉拉德因为贫穷而走上了销售的道路，尽管这种职业在当时的美国还很不受欢迎，但是为了自己的生活以及家庭，乔·吉拉德不得不选择了这一行。

本来选择就不易，而做起来就更难了。

因为吉拉德担任销售员的汽车公司不允许他在车行里干，因为这样会抢走别的销售员的生意，他只能走出去，漫无目的地去寻找他的客户。这样一来，他的生意很难打开。

这时候，他才意识到，这碗饭不好吃。

但是已经没有退路了，要是不干下去，连面包都没得吃了。而要干下去的话，就要想出一种扩大客户范围的方法才行。

乔·吉拉德进入销售行业不久，他的一位好友的母亲去世了，他去参加丧葬仪式。他的朋友是信天主教的，而在天主教的葬礼仪式上，派发弥撒通知单是一道标准的程序，弥撒通知单上面印有已故人士的姓名和照片。乔·吉拉德见过弥撒通知单已有多年，但他从未想过太多。然而，这一次他认真思考起来。印制这些弥撒通知单的成本一定很高。葬礼策划者是如何知道需要印多少张的呢？他提出了这样的疑问。

于是他找到了葬礼承办者，“那只不过是经验数据，一般来说是250张左右。”

不久以后，乔·吉拉德向一位开办殡仪馆且主要为新教徒服务的顾客销售了一部汽车。完成交易后，他向这位顾客询问一场葬礼平均有多少位参加者。“大约250名。”对方答道。

此时，一个念头闪现在乔·吉拉德的大脑里：这里存在一条有效的规律，他可以运用这条规律为自己的事业服务。

这条规律便是：大多数人的一生中都有250名重要的、有资格被邀请参加其葬礼的相关人员。这条规律非常简单，但它真的非常有效。

于是，在销售界，一项伟大的发现“250定律”就被乔·吉拉德发现了。

所谓“250定律”是指每一位与你做生意的顾客都可能代表着250名潜在顾客。如果你的服务出色，你的每位顾客就有可能推荐另外250人与你做生意；反之，如果你的服务拙劣，你就会塑造出250个敌人。

在拓展你的人际关系，在扩大你的客户范围方面，“250定律”确实能起一定的指导作用。从长远来看，为顾客提供持续、出色的服务，强化与顾客的关系，公平地对待他们，并满足他们的需求，将会使销售工作容易许多。

乔·吉拉德发现了这一定律之后，开始着手行动。他要把他的每一位客户都变成向他们身边的250名潜在客户推广的代理人。于是他去印制了大量的名片，并且答应客户，只要谁给他介绍一名客户，他就能得到25美元的奖励。

因此，乔·吉拉德每次在交付汽车的时候，会拿出一沓名片，大约25张放进新车的储物仓里，然后向客户说道：“先生，这下无论你到哪里，我都会跟着你了。我说过的话任何时候都算数，每次你给我介绍一名客户，你都会得到25美元。还有，别忘了告诉你的朋友们，我是怎么关照你的。还要记得一定要将你的名字写在名片的背面，这样我就可以给你送钱过去。”

正是这一规律的运用，几年下来，乔·吉拉德拥有了最大的民间销售网，每卖一辆车，他都会发一大沓名片，于是那些人就自动地成了乔·吉拉德的雇员。

不论你做的是大生意，例如涉及的金额达数百万美元，或者只是向社区中的顾客进行一次性的销售，“250定律”都是可行的。

“250定律”之所以能有这么巨大的作用，因为该规律存在一个重要的因素。一位满意的顾客可以给你推荐其他的顾客，从而大大缩短你的销售周期。每位顾客都有一定的影响圈，其中许多人都可能成为你的顾客。将这些顾客变成“推荐人”意味着当新的潜在顾客到来，并询问谁是乔·吉拉德时，他们已经具备了做你的准顾客的资格，甚至已经准备好要买你的东西了。

但是，为了将满意的顾客转变成推荐人，乔·吉拉德意识到他必须采取行动。他必须培养并维持与顾客的关系。

例如，在售出一辆汽车几周后，他会电话联系买主，询问汽车的使用状况如何。“你可能会认为这是自找麻烦，”他说，“但对我而言，这是在寻找和确保未来的销售机会。”即使这位顾客真的遇到问题，乔·吉拉德也希望了解相关情况，以便找到相应的解决办法。

此外，乔·吉拉德每月都会向其客户名单上的每个人寄送慰问卡。例如，在一月份，他会向每位顾客寄送新年贺卡。他会在卡上写上“I like you.”（我喜欢你），并签上自己的名字。他也会贴上带有他所服务的经销商的名字和地址的标签。他这样做的目的是为了吸引顾客打开卡片，看看其中的内容，并看到他的名字和微笑，而不会像收到垃圾信件后那样直接丢到垃圾桶里。因为他知道，这些顾客最终会需要换新的汽车，他希望那时他们的脑海里会首先想到这个名字：乔·吉拉德。

但是，要用好乔·吉拉德的“250定律”，要注意两个问题：

第一，就是确定最佳客户的形象。这些客户能为你的产品起到很好的推广作用。要是你目前还没有这种最佳的客户，那么你可以想象最佳顾客会是什么样子，再看看那些从你这里购买过产品的顾客，你就基本上能够确认哪些是你的最佳客户形象了。

第二，你就要做好行动规划。怎么去做？怎么去找到这样的客户？你能给这些客户怎样的资金投入以及时间投入？你的具体行动是什么？这就是你接下来要做的事情。

**推销秘籍**　在乔·吉拉德的推销生涯中，他每天都将“250定律”牢记在心，抱定生意至上的态度，时刻控制着自己的情绪，不因顾客的刁难，或是不喜欢对方，或是自己心绪不佳等原因而怠慢顾客。乔·吉拉德说得好：“你只要赶走一个顾客，就等于赶走了潜在的250个顾客。”

## ◆ 建立关系网也要找对方法

要想让自己卖出更多的东西，赚更多的钱，就得多去寻找客户，将自己的人际关系铺广。只要自己的人际关系网庞大了，生意自然就能做好。

乔·吉拉德是世界一流的销售大师，是国际销售界的传奇人物，是美国汽车销售最高记录的保持者，关于他的成功秘籍，乔·吉拉德认为这得归功于自己的丰富人脉资源，他说：“做销售其实是离不开人脉的，人脉广销售才能做得开。”

的确，有些时候销售人员的人际关系网，就决定着他们能不能成功，这就犹如出海打鱼的渔夫，渔夫要想网到更多的鱼，就得主动撒出大网、多撒网，这样才能收获更多。对于销售人员来说，如果想要让自己卖出更多的东西，赚更多的钱，就得多去寻找客户，将自己的人际关系铺广。只要自己的人际关系网庞大了，生意自然就能做好。

在当今这个社会，大家也都知道，谁能够结交更多的朋友，谁就能取得成功。但问题是，我们到底要怎样才能结交到更多的朋友呢？

第一，就是去接触更多的人。通常来说，优秀的销售人员都是非常出色的“猎人”，他们善于接触人，并将接触到的人开发成自己的新客户。然后和这些新客户保持长期的联系，久而久之这些新客户就会变成老客户，而成为你最大的资产。汤姆·霍普金斯在做销售时，给自己规定每天要打电话的人数，并记录通话的相关情况，而且会随时准备出去会见一些需要自己产品或帮助的人。他说，他每一次接触的每一个人，都是在引导自己走向下一条预期成功的路。

第二，就是去找人销售产品及销售产品给你找到的人。在销售行业大致有这样一个规则，电话销售以及陌生拜访的比率大约是10：1，也就是说，打十个潜在客户的电话可以得到一个面谈机会。对于这个面谈的机会，你一定要把握好，如果和客户做不成交易，就尽量和客户交成朋友，或许时间久了，他就说不定会成为你的忠实客户。

第三，开发被遗漏的“金矿”。被其他业务员遗漏的顾客，就是一个金矿，只要你愿意并且能够使用它，你就有享受不完的资源。当失败的销售人员离开一个客户时，在他们后面的是什么？其实他们就是客户。很多人之所以在销售上失败，是因为他们不知道追踪跟进。你公司那些失败的销售员，他们所放弃的客户正能成为你的客户群。如果能巧妙地再利用，将大大增加你销售成功的机会。

第四，做一个本地优秀的公关员。一位销售冠军绝对不会闭关自守，不关心报纸的头版新闻。销售冠军会读当地报纸，并由报纸新闻来找到生意。销售冠军在读报时手中一般都会拿着一支笔，因为有成批的人刊登各种消息，他们的每一件事对销售冠军都是重要的。因为报纸上会登载许多有关人们升迁的小道新闻，销售人员可以信赖这种通告。每读一则这样的文章，剪下来，然后寄给那个升迁的人，再附带一个短笺道贺恭喜。那么，他们肯定会心存感谢。他们不只感谢这短笺，他们更可能会非常感谢你。若你能在他们收到短笺时的当天拿起电话打给他们，告诉他们你能给他们带来什么样的帮助，或提供什么样的服务。那么，你的准客户转变成客户

的概率又会增加几倍。

第五，与同行销售人员交换市场。借由自己已经拥有的一些最好的客户来建立自己的交易市场，除了一些努力之外，它花不了你什么成本。不过，还有另外一种选择，那就是选择一些能干的销售员和你做交换。交换包括两个内容：一是交换客户名单。二是相互介绍顾客。

第六，与顾客保持长期的联络。与顾客保持长期联络有三种方法：一是寄东西给他们。二是打电话给他们。三是去看望他们。很多顾客都会有二次消费，切不可对自己的顾客置之不理，这等同于把自己的顾客推向别的销售员的怀抱。

**推销秘籍**　一个人永远不要靠自己一个人花 100% 的力量，而要靠 100 个人每个人花 1% 的力量。

## ◆ 人生不能没有朋友

人生不能没有朋友。乔·吉拉德说："得不到友谊的人将是终身可怜的孤独者。没有友情的社会则只是一片繁华的沙漠。"

的确，朋友如同左膀右臂，在一生中是不可缺少的，他们对你的事业成功起着积极的作用。古人云："一块篱笆三个桩，一个好汉三个帮。"其实，这句话把朋友的真实内涵讲得非常透彻明白，说明了朋友在人生中的重要性。红花需要绿叶的扶持，一支鲜美的花朵没有绿叶的衬托就逊色许多，一个好汉单打独斗，没有朋友的帮助是不会持续多久的。

现实世界是充满诱惑的，也是复杂的。在这个多变的社会中，需要凝聚力，在齐心协力的基础上才能勇往直前。一个人不但要有文化知识，还要有良好的人缘，能与人为邻，与人为善，与人为伴，结交知己朋友，相互支持帮助，即在精神上能及时给予呵护，在经济上能援助，在困难时刻能伸出援助的手，帮助你渡过人生中的困境。这样的人才是真正的朋友。

生活中，有些人虽然结交了很多朋友，但滥交，没有真心朋友，关键时刻树倒猢狲散，一点作用没有。这样的朋友有与没有是一样的道理，等于是酒肉穿肠过的朋友。这样的朋友其实不如不交。千金易得，知己难求。

朋友是在生活中通过长期的交往，以真挚的感情去沟通，去交往，经过生活的磨砺后，逐渐彼此相识，是内心世界的认识，有共同的语言，有共同的理想，相互能坦诚相待，愿以真情交往，成为知己朋友。

对人的一生来说，以下几种朋友是必不可少的。

（1）成就你的朋友：他们会不断激励你，让你看到自己的优点。

这类朋友也可称之为导师型。他们不一定是你的师长，但他们一定会在某些领域具有丰富的经验，能经常在事业、家庭、人际交往等各方面给你提供许多建议。人生中拥有这种朋友会成为你最大的心理支柱，也常常会成为能够“左右”你的“偶像”。

（2）支持你的朋友：一直维护你，并在别人面前称赞你。

这类朋友可谓是“你帮我，我帮你”，相互打气，使得彼此成为对方成长的垫脚石。在一个人的成长过程中，朋友的支持与鼓励是最珍贵的。当你遇到挫折时，这类朋友往往可以帮你分担一部分的心理压力，他们的信任也恰恰是你的“强心剂”。

（3）志同道合的朋友：和你兴趣相近，也是你最有可能与之相处的人。

这类朋友会让你有心灵感应，俗称“默契”。你会因为想的事、说的话都与他们相近，经常有被触摸心灵的感觉。和他们交往会帮助你不断地进行自我认同，你的兴趣、人生目标或是喜好，都可以与他们分享。这种稳固的感受“共享”会让你获得心理上的安全感，因为有他们，你更容易实现理想，并可以快乐地成长。

（4）牵线搭桥的朋友：认识你之后，很快把你介绍给志同道合者认识。

这类朋友是“帮助型”的朋友。在你得意的时候，他们的身影可能并不多见；在你失意的时候，他们却会及时地出现在你面前。他们始终愿意给予你最现实的支持，让你看到希望和机会，帮助你不断地得到积极的心理暗示。

（5）给你打气的朋友：好玩、能让你放松的朋友。

有些朋友，当我们有了心事有了苦恼时，第一个想要倾诉的对象就是他们。这样的朋友会是很好的倾听者，让你放松，在他们面前，你没有任何心理压力，总能让你发泄出自己的“郁闷”，让你重获平衡的心态。

（6）开阔眼界的朋友：能让你接触新观点、新机会。

这类朋友对于人生也是必不可少的。他们可谓是你的“大百科全书”。这类朋友的知识广、视野宽、人际脉络多，会帮助你获得许多不同的心理感受，使你成为站得高、看得远的人。

（7）给你引路的朋友：善于帮你理清思路，需要指导和建议时去找他们。

这类朋友是“指路灯”。每个人都有困难和需要，一旦靠自己力量难以化解时，这类朋友总能最及时、最认真地考虑你的问题，给你最适当的建议。在你面对选择而焦虑、困惑时，不妨找他们聊一聊，或许能帮助你更好的理顺情绪，了解自己，明确方向。

（8）陪伴你的朋友：有了消息，不论是好是坏，总是第一个告诉他们，他们一直和你在一起。

这种朋友的心胸像大海、高山一样宽广。不管何时找他们，他们都会热情相待，并且始终如一地支持你。他们是能让你感到满足和平静的朋友，有时并不需要太多的语言，只是默默地陪着你，就能抚平你的心情。

朋友是人生的财富，朋友多了好走路。在生活中，不交朋友就无法与社会沟通，无法行走在这个世界上。不过，人不是神仙，也不是白玉，就是白玉尚且有瑕疵存在。朋友也是如此，有时也会有这样那样的错误的发生，出现此类事情后，朋友之间要理解、包容，不能过分刻意地追求朋友达到十全十美的程度，就是一奶同胞也不可能到达那种完美无缺的境界。按着自己的理想去找朋友，而且是十全十美的朋友可以说是没有的，那样你会把朋友拒之门外，身边一个朋友也没有。

在阿拉伯传说中有一个故事，说两个好朋友在沙漠中旅行，为了某件小事他们大吵了一架，一个打了另一个一记耳光。被打的那个感觉受到了伤害和侮辱，但如终一言不发，只在沙子上写了一句话：今天我的好朋友打了我一巴掌。

如此，他们继续向前走，来到一个巨大的绿洲。两个朋友都跳到水里，被打巴掌的那个差点儿淹死，幸亏被打他的朋友救了上来。之后，被救的便用匕首在石头上刻下一句话：今天，我的好朋友救了我一命。

这时，另一个好奇地问："为什么我打了你，你要写在沙子上，而现在却要将我救你刻到石头上？"

被救的人回答说："当被一个朋友伤害时，要写在容易忘的地方；相反，如果被帮助，则要刻在心里最深处。"

这个故事告诉我们，朋友是一种相知。朋友相处是一种相互认可，相互仰慕，相互欣赏、相互理解、相互包容、相互感知的过程。

总之，人间充满大爱，我们都是朋友，以朋友关系相待，没有解决不了的世间事物。伸出你的手，把爱心奉献给社会，用真诚的友爱建立人与人的关系，这个世界一定更加温馨，更加可爱。因为，我们大家是朋友。

**推销秘籍** 友情是一种最纯洁、最高尚、最朴素、最平凡的感情，也是最浪漫、最动人、最坚实、最永恒的情感。友谊如同空气如水，不要到失去的时候才痛感它的可贵。友情无处不在，她伴随你左右，萦绕在你身边，和你共渡一生。

## ◆ 整理规划你的人际关系网

人际关系是成功销售的关键，那么，如何才能建立丰富的有价值的客户人际关系网呢？

其实，这并不需要销售人员刻意为之，任何地方和任何时候都适宜建立客户网络。每一天，适于客户网络建立的场合都会出现，如各种聚会、商会的交换仪式、会议、健身俱乐部、飞机上，几乎任何时候都适宜建立客户网络。

美国有一家著名的直销公司要派一位精明能干的经理去开拓一个新的市场，可是公司没有一个人在那个地方有熟人。这时，有一个刚到公司的小伙子向经理请求去那个新的市场。于是，这个叫杰克的小伙子去了。

当杰克上了去新市场的飞机后，他就开始向空姐咨询那个城市的情况，很快他和空姐成了朋友，空姐把男朋友的电话给了杰克，杰克又和座位两边的乘客成了朋友。由于杰克开朗热情，乐于助人，当他下飞机的时候，他手上已经有了十几个电话号码。杰克住进宾馆，很快就和服务员值班经理成了朋友，经过两个月的努力，杰克的销售业绩让总公司非常吃惊，破格提拔他为大区销售经理。

也许有人要说，我可没有他的能力。实际上，我们生命中遇到的每一个人都是你的客户。

推销领域竞争激烈，推销员要想长期立足，就要不断地发展新的准客户，并保住原有的老客户，然后争取让客户为你推荐更多的客户。在这样系统的安排与运作中，你便可以开发出一个庞大的、强有力的客户群。虽然不断发展新客户的过程并不是一件容易的工作，但只要遵循以下几项原则去开展，是不难找到方向的。

（1）确定你的人际关系网的成员

首先，建立人际关系网从自己身边的人人手。要知道你的家人、同事等都可以成为你的人际关系网的成员。上文中提到的世界首富比尔·盖茨利用母亲的关系和IBM公司签约就是最好的例子。

其次，客户、竞争对手都可以成为你的人际关系网成员。你所服务的客户如果能够认可你，不但在工作上可以给你提供帮助，而且他还可能帮助你开发新的客户，即使将来你离开了原工作单位，与他保持联系，他还可以成为你新单位的客户或者给你提供其他帮助。现在不同企业的销售人员之间也有一些小圈子，大家在一起交流信息、经验等，你也要注意这些圈子，并想办法加入其中。这些小圈子可以为你提供一些信息，从而拓宽你的人际关系网。

再次，行业内的专家也是很好的人际关系网成员。这些人也可以给你提供一些信息和工作上的指导，不过你不一定能和这些人进行面对面的沟通和交流，但是可以和他们保持电话、邮件等形式的交流和沟通。

此外，人际关系网成员各自的人际关系网也是不容忽视的。每个人都有自己的人际关系网，你也可以通过你的人际关系网中的成员去接触他们的人际关系网。可以通过参加他们的会议、聚会来接触他们的人际关系网，从而不断扩大自己的人际关系圈。

（2）人际关系网需要经常维护

首先，建立人际关系网不能有太强的功利思想，也就是不能抱着利用人的思想去建立自己的人际关系网，不能说对方对自己暂时有用，就去接触，反之就不接触，或者利用了以后就不再接触。许多人的朋友之所以越来越小，原因就在于其交朋友的目的只在于利用，结果大家知道他的目的之后，就会有越来越多的人离他远去。当然，建立人际关系网有借助人际关系发展和帮助自己的目的，但是你必须明白，建立强大的人际关系网需要时间，同时人际关系网发挥作用也不是在一时之间，它的作用是伴随你一生的，所以建立人际关系网短视的行为都是要不得的。

其次，建立人际关系网的专用通信录。认识的人多了，有的人可能就

会因各种原因而失去联系，所以你不但要经常把自己最新的联系方式告知你人际关系网的成员，而且要把通信录和相应的信息进行经常性的整理，以便大家可以保持畅通的联系。

俗话说：“亲戚是需要经常走动的，如果长时间不走动，那么时间一长，亲戚也就不是亲戚了。”这句话在人际关系网上也是适用的，所以，对于自己人际关系网中的成员，如果大家有时间聚聚的，可以经常在一起聚聚；如果没有时间见面的，也可以在平时经常联系，比如逢年过节的时候，相互发一条祝福短信或打个电话等。

**推销秘籍**　如今的销售工作，靠一个人思索、寻找客户的时代已经过去了，建立品质优良的人际关系网为你提供信息，从庞大的人际关系资源中寻找自己的客户已成了决定工作成败的关键。人际关系有多广，钱脉就有多广。在你的人际关系网络中，只要你善于开发，每一个人都会成为你的金矿。

## ◆ 充分利用人际关系网络

美国著名推销大师乔·吉拉德经过长期研究得出结论：“专业知识在一个人的成功中的作用只占15%，而其余的85%则取决于人际关系。”所以，无论你从事什么职业，学会处理人际关系，你就在成功路上走了85%的路程，在个人幸福的路上走了99%的路程。无怪乎美国石油大王洛克菲勒说：“我愿意付出比天底下得到其他本领更大的代价，来获取与人相处的本领。”

世界一流的人际关系资源专家哈维·麦凯就善于利用人际关系来推销自己，年轻的他就是靠人际关系找到一份理想工作的。

哈维·麦凯从大学毕业那天就开始找工作。他自以为可以找到最好的工作，可结果却相去甚远，四处奔波也没有找到一份满意的工作。好在哈维·麦凯的父亲是位记者，认识一些政商两界的重要人物，其中有一位叫查理·沃德。

一次，查理·沃德问哈维·麦凯的父亲是否有儿子。

“有一个在上大学。”哈维·麦凯的父亲说。

“什么时候毕业？”沃德问。

“他马上要毕业，正在找工作呢！”

“噢，那正好，如果他愿意，叫他来找我。”沃德说。

第二天，哈维·麦凯就迫不及待地打电话到沃德的办公室，但一开始秘书不让他见沃德。后来他提到父亲的名字三次，才得以与沃德通话。

沃德说：“你明天上午 10 点钟直接到我的办公室来面谈吧！”第二天，哈维·麦凯如约而至。不想招聘会见变成了聊天，沃德兴致勃勃地聊起了与哈维·麦凯父亲的故事。整个过程非常轻松愉快。

聊了一会儿之后，沃德把他分派到旗下效益最好的公司——品园信封公司工作。

在街上闲晃了一个月的哈维·麦凯很快就站在铺着地毯、装饰得豪华大气的办公室内，顷刻间就有了一份人人称羡的好工作。

那不仅是一份工作，更是一份事业。42 年后，哈维·麦凯正是利用这份工作聚集了广阔的人际关系资源，成了全美著名的信封公司——麦凯信封公司的老板。

事后，哈维·麦凯不无感慨地说：“感谢沃德，是他给了我工作，是他创造了我的事业。”

你所认识的每一个人都有可能成为你生命中的贵人，成为你重要的客户。因此要善于利用自己的人际关系。越是一流的销售人才，就越重视这种“人际关系”，也越能为自己的发展带来方便。

日本三洋电机的总裁龟山太一郎被同行誉为“信息人”。他对于信息的感知非常敏锐，对信息的汇集别有心得，最有趣的是他自创一格的“信

息槽”理论。他说：“一般汇集信息，有从人身上、从事物身上获得两个来源。我主张从人身上加以汇集。如此一来，资料建档之后随时可以活用，对方也随时会有反应，就好像把活鱼放回鱼槽中一样。把信息养在信息槽里，它才能随时吸收到足够的营养。”

对于销售人员来说，寻找潜在客户是销售环节的第一步，在确定你的市场区域后，你就得找到潜在客户在哪里并同其取得联系。那么，如何充分利用自己的人脉，来发掘潜在的客户呢？

事实上，销售人员的大部分时间都在于寻找潜在客户，而且会形成一种习惯，比如你将产品销售给一个客户之后，会问上一句：“您的朋友也许也会需要这件产品，您能帮忙联系或者推荐一下吗？”

你想把产品或者服务销售给谁，谁有可能购买你的产品，谁就是你的潜在客户。一般而言，潜在客户具备两个要素：“用得着”和“买得起”。

首先，要用得着。你的产品不是所有的人都用得着的，它一定有一个特定的范围。

其次，要买得起。对于一个想要又掏不出钱的潜在客户，就算你再怎么努力也是白费。

寻求潜在客户是一项艰巨的工作，特别是刚刚开始从事销售这个行业的时候。下面提供几种寻找潜在客户的途径。

第一，从你认识的人中发掘。日常活动中，我们会认识一大批人，而这批人中一定有人可能成为你的潜在客户。不可否认，即便是一个社交活动很少的人他也会有一群朋友、同学和老师，还有他的家人和亲戚，这些都是你的资源。科学家证实了一种称为“六度分离”的奇妙理论。这个星球上的所有人，从某种意义上来说，都是可以通过个人的关系网以特殊的方式联系起来的。微软公司的研究人员为了证实这种理论的可行性而专门开展了实验，他们随意挑选了2006年的某一个月，记录下当月所有通过微软网络发送短信的用户地址，分析了三百多亿条地址信息，最终统计得出，多达78%的用户仅仅通过发送平均6.6条短信，或者说通过6.6步，就可以和一个陌生人建立起联系。可见，如果将每个人的人际关系网考虑进去，人与人的距离其实很小。通过朋友的朋友寻找客户一定会使你挖掘出更多的潜在客户。

第二，借助专业人士的帮助。刚迈入一个新的行业，很多事情都会无从下手，这时你就需要能够给予你经验的人，他们对你的价值非常大。比你提前人行的人、比你有经验的人，如果你能借助他们的帮助，从他们的经验中获得知识，通过他们的介绍获得客户群，会省去很多麻烦，少走很多弯路。

第三，根据企业提供的名单寻找。许多企业会向销售人员提供一些信息，当然，为了成为优秀的业务高手，你还需要从中找到自己的潜在客户。

只要充分利用既有的人际关系网络，寻找潜在客户，新的客户便会被不断的发掘出来，你的销售业绩将越来越好，你的成功也变得更为容易。

**推销秘籍** 初入销售行业的人，首先要做的就是整理自己亲友的名单，仔细思索谁可以成为自己的准客户，谁可以成为自己的介绍源，然后寻找时机与他们联系，从此走出销售工作的第一步。

## ◆ 渠道的力量不容忽视

渠道相当于水渠和过道，是连接承载、产品和服务的载体。渠道销售：就是采用渠道作为销售形式的销售，主要指如何开发与选择经销商，经销商的日常管理，如何协助经销商进行市场推广，日常维护等，并能根据市场的变化提出对应的策略，有效激励经销商共同成长的销售过程，当然还要处理一些市场冲突的问题。

渠道是人脉的扩展和延伸。独具眼光的推销员不但能充分利用人脉，而且善于利用各种渠道寻找客户，在无形中扩大自己的客户网。

在西方国家，推销员用来寻找客户的主要广告媒介是直接邮寄广告和电话广告。举例来说，一位推销女士认为潜在的准客户太多，她希望把自己宝贵的时间花在一些最佳的准客户身上，于是她向所辖推销区内的每个人都寄去推销信，然后首先拜访那些邀请她的客户。还有一位房地产经纪人，定期向所辖推销区里每位居民寄去一封推销信，打听是否有人准备出售自己的房屋，每一次邮寄都会发现新的准客户。除了邮寄广告之外，推销员还普遍利用电话广告寻找客户。推销员每天出门访问之前，先给所辖推销区里的每一位可能的客户打电话，询问当天有谁需要推销品。

西方推销员的这些做法，不一定完全符合我国的国情。但是，作为一种推销技术，我们可以借鉴。下面这些渠道都是推销员不错的选择。

（1）合作销售，推销联盟

推销通常会有相似的作业模式，为了达到资源共享的目的，某些推销行业协会提供推销资源，让各种行业的推销人员可以相互结合，互相合作，以互蒙其利，而逐渐产生推销联盟。一般的推销员也可以通过平时推销接触的机会，和各行业的推销人员相互认识，进而交换客户资料，以拓展推销的层面。此外，各种服务业的人员有许多潜在的客户群，所以也是可以合作的对象，可以和异业搭配，在他们的客源中寻找所需的客户，包括银行、股票、保险、水费、电费、电话、美发、旅游、中介等的服务人员。

（2）加入社团组织

许多行业都会组成工会或商会，在社会中也有一些财团法人机构、商业俱乐部、读书会、研究会等，这些单位都有相当数量的会员，如果可以加入这些组织，也是寻找准客户群的管道。

（3）利用通信函

使用派报或夹报发送宣传单给客户，针对不特定人口，以广泛地散播讯息为原则发出广告信函（重点在使他愿意回函或电话联络，所以宣传单的内容必须十分具有吸引力才行）。一般常采用电脑列印的名条来寄送，显得不够尊重；如果可以改用亲笔信函，一定会让客户备感暖心。

（4）媒体包装

使用媒体做文宣、打形象广告，是企业或商品宣传的手法，也是巩固准客户的方法。企业如果经常在媒体上出现，会让人感觉企业的经营体制比较健全，这是客户对企业或是商品的印象分数。一般人觉得能够在媒体上露面的企业就是有品牌的公司，若是名不见经传的优良商品，在没有广告的包装下，可能被冠上杂牌的称号，因此借由广告来提升企业形象，可以使准客户的信心大增。

（5）名册与通讯录

电话簿、工商名录、大企业名录、保险名册、同学录、股票族等，都是准客户的来源。

（6）说明会

举办说明会可以运用团体的力量促进成交概率，例如，许多直销行业的说明会就办得相当成功，尤其可以从会后的问卷调查结果得知客户对商品的认同度，再从中挑选出准客户来。

（7）专家魅力

利用座谈会、联谊会、研究会、研习班等方式，邀请专家学者共同研讨某些议题，借由专业与学习的力量吸引准客户前来。

（8）互惠方案

将利益共享的观念带给客户，通过客户的关系相互介绍，然后提出部分的业绩奖金回馈客户，相信在双赢的立场上会获得客户的认同，而使得准客户愈来愈多。

（9）网络沟通

利用网络寻找客户也是最新的推销拓展方法之一。目前上网的人数愈来愈多，这显示网络即将取代许多传统的接触方法与销售手段，将商品直接展示在网络上，或以网络信件来行销将是未来的主流。

（10）随时掌握机会

相信处处是商机，不管是坐在公交车上、搭电梯、走在马路上、上饭馆吃饭……只要你留心观察，时时掌握机会多去认识人，准客户随时可能会出现在眼前。

渠道自然有很多种，但是在应用中，推销员经常用以寻找客户的还是广告媒介，而在众多的广告媒介中，最佳的方式还是报纸、电视、广播、直接邮寄、杂志等。具体的形式和方法可以灵活运用，不必追求某一种固定的方式。利用这种方法寻找客户，关键在于正确地选择广告媒介。选择广告媒介的目的在于花较少的广告费用取得较好的广告效果。

选择广告媒介的基本原则是最大限度地影响潜在的客户。举例来说，如果推销员决定利用报纸广告来寻找客户，那么就应该根据所推销商品的特点来做出选择，既要考虑各种报纸的发行地区和发行量，又要考虑各种报纸的读者对象类型。换句话说，北方冬令用品，就不应跑到南方去做广告；而推销老年人用品，就不应在青少年杂志上做广告。如果决定在电视或广播里做广告来寻找客户，就应该考虑各家电视台、广播电台的观众或听众的数量及分布地区，还应考虑广告播出的时间。如果决定选用直接邮寄方式来寻找客户，最好先弄到一份邮寄名册。利用直接邮寄广告方式寻找客户时，要采取灵活多样的形式，尽量避免较大的浪费。

总之，在销售中充分利用销售的力量，可以最大限度的发掘潜在的客户群。

**推销秘籍**　渠道是产品流向终端的必经之路，是成功的关键。在市场营销中，渠道是最重要的。没有不好的产品，只有不好的营销，没有不好的营销只有不好的渠道。优秀的销售人员，往往通过营销渠道扼守着一方市场，有充足的社会关系，有健全的销售网络。这些销售人员，可谓是销售中的精英。

# 第八章　成功推销的十大禁忌

在推销中，风险与机遇并存。很多推销员为了实现成交这个目的，坚持不懈地努力，抓住了许多稍纵即逝的机遇，却往往不慎踩上了推销中的心理地雷，使得之前的努力功亏一篑。本章详细地阐述了成功推销中的十大禁忌，可助你减少推销的失误，更多地收获推销中的成功。

## ◆ 影响销售的负面语言

作为一名推销员每个人都希望自己成为一名成功的说服者，都不愿意失败，因此都会本能地尽量避免使用带有负面性或者否定性含义的词语，尽可能不使用引起对方戒备心里的话语，这样才能避免推销失败。但是，人们的潜意识里又常常有一种被侵害的意识，老是怀疑自己是不是会受到不利的对待。这种否定的、负面的潜意识通常并不表现为明显的对话，而是作为一种胆怯、担心、紧张不安的情绪表现出来，形成模糊的语言，下意识地说出的一些话，比如：

“或许他又不在家。”

“说不定又要迟到了。”

“利润也许会降低。”

“这个月也. 许不能达到目标了。”

在推销中出现这类担心是普遍和正常的，重要的是要战胜、抑制住这种心态，不让它表现在与客户交谈的话语中。但许多成绩不好的推销员往往做不到这一点，经常在谈话中把自己的不自信、担心和急迫暴露无遗。这种负面的效应传递给客户，往往会使客户产生怀疑，使进一步的沟通变得非常困难，推销也就宣告失败。

在推销中，以下话语应尽量地避免使用：

“会发生损失。”

“我做不了这个决定。”

“签约，请签约。”

“这真令人担心。”

“这样会增加您的开支。”

“困难，这太困难了。”

如果一个推销员老是对客户说这类令人丧气的话，那么客户对他产生怀疑是必然的，甚至还会产生反感，与他继续交谈的兴趣就会消失，更不用说购买的欲望了。

成功推销的核心，是运用肯定性的语言促使对方说出“是”、“是的”，从正面明确地向对方表示购买商品会给他带来哪些好处。言辞方面的肯定性表现，实质上是一个人内在积极性的流露。所以，要想取得理想的推销成绩，必须从根本上成为一位真正积极的人，应该自觉地做到积极正面性的思考，使自己从内到外真正地积极起来。

推销员如果能避免失言，业绩肯定能节节攀升。为此，乔·吉拉德特意总结出“祸从口出”的几种话，希望推销人员坚决地予以回避。

1. 不说批评性话语

许多推销人员尤其是推销新人，有时讲话不经过大脑，脱口而出，还暗自得意自己口齿伶俐，却不知自己已经在不经意中伤人。这类推销员为了打一个圆场、有一个良好的开场白，于是见了客户第一句话便说：“你家这楼真难爬！”“这件衣服不好看，一点都不适合你。”“这种茶真难喝。”“你这张名片真老土！”这些脱口而出的话语包含批评和对客户的否定，虽然他们无心批评指责客户，但这种表达语言让客户感觉非常不舒服，从而从内心里排斥推销员。

“赞美与鼓励让白痴变天才，批评与抱怨让天才变白痴。”在这个世界上，人人都希望得到对方的肯定，人人都喜欢听好话，没有谁愿意受别人批评。推销人员从事推销工作，每天做的事情都是与人打交道，而且要博得对方的好感，更应该多说赞美性话语。不过，虽然人人都喜欢被人肯定、被人赞美，但赞美也要注意适量，否则，就会让人感觉虚伪做作、缺乏真诚。与客户交谈中的赞美性用语要出自内心，不能不着边际地瞎赞美。要知道，不卑不亢自然地表达，更能获取人心、让人信服，而虚假的赞美只能把对方越推越远。

2. 杜绝意识形态方面的话题

在商言商，与推销活动没有什么关系的话题最好不要参与议论，比如政治、宗教等涉及意识形态的内容。无论你说得对还是错，对于你的推销都没有什么意义，甚至有的时候还会阴差阳错地砸了你已经到手的生意。

3. 少用专业性术语

玛丽虽然从事寿险时间不足两个月，但他喜欢炫耀自己，常常说一阵就一股脑儿地把一大堆专业术语塞向客户，说些“豁免保费”“费率”“债权”“债权受益人”等一大堆专业术语，让客户如坠人五里云雾中，不知所云，反感心态由此产生，拒绝就成了顺理成章的事情。李先生便在不知不觉中丢了促成推销的商机。

4. 不说夸大不实之词

不要夸大产品的功能。所有的夸大不实之词，客户在日后使用产品的过程中，终究会清楚地辨别出是真是假。不能因为要达到一时的推销业绩而夸大产品的功能和价值，否则势必会为自己埋下一颗“定时炸弹”，一旦产生纠纷，后果将不堪设想。任何欺骗和夸张的语言都是推销的大敌，会致使你的事业无法长久地发展。

其实任何一个产品都存在着好的一面以及不足的一面，作为推销员理应站在客观的角度，清晰地为客户分析产品的优与劣，帮助客户“一货比多家”，唯有知己知彼、熟知市场，才能让客户心服口服地接受你的产品。

5. 禁用攻击性话语

有时候同行里的推销人员会用带有攻击性色彩的话语攻击竞争对手，甚至把对手说得一钱不值，致使整个行业形象在客户心目中非常差。有的推销员在说出这些攻击性话语时缺乏理性思考，却不知无论是对人、对事、对物的攻击话语都会让客户反感。因为你说的时候是站在自己的角度问问题，不见得每一个人都是与你站在同一个角度，如果你的表现太过于主观，

那么反而会适得其反，对你的推销只能是有害无益。

6. 避谈隐私问题

与客户打交道时，主要是要把握对方的需求，而不是一张口就大谈特谈隐私问题。在这方面有些推销员常犯错误。有的推销员说，我谈的都是自己的隐私问题，这有什么关系？就算你只谈自己的隐私问题，不去谈论别人，试问你向客户推心置腹地把你的婚姻、财务等情况和盘托出，能对你的推销产生实质性的进展吗？也许你还会说，我们与客户不谈这些，直插主题谈业务难以开展，谈谈个人隐私也无妨。其实，这种“八卦式”的谈论是毫无意义的，更浪费你推销的商机。更严重的是，与客户谈论隐私问题有时候会有逼迫客户自暴隐私的嫌疑，难免招致客户的反感。

7. 少问质疑性话题

在推销过程中，很多人很担心客户听不懂自己所说的一切，因此不断地以担心对方不理解你的意思的话语质疑对方 :“你懂吗”“你知道吗”“你明白我的意思吗”“这么简单的问题，你了解吗”，听上去就像是以一种长者或老师的口吻在教育晚辈和学生。众所周知，从推销心理学来讲，质疑客户的理解力往往让客户感觉得不到起码的尊重，逆反心理就会随之产生，这可以说是推销中的一大禁忌。

**推销秘籍**　当你在推销遇到麻烦时，也许有人会说“我就是不行”“我就是不如人”“真是没办法”等负能量语言，对这些否定评判的承认，也显示了自暴自弃的心态。应用心理学强调，我们平常无意使用的语言，都可能对自己身心健康起到正负两面的作用。如果你现在受自卑感的困扰，不妨把消极的语言完全排除，学会积极地自我暗示。

## ◆ 胆怯紧张的个人心理

胆怯心理的存在是人的一种共性，世界上无所畏惧的人是不存在的。任何人面对陌生的环境、陌生的人群都会产生胆怯心理。有很多推销员很难坦然、轻松地面对客户，这都是人性使然，是一种很正常的心理反应。但是，由于很多推销员在最后签单的紧要关头却突然地紧张害怕起来，从而导致推销的失败。

琼斯是一名优秀的地产推销员，有一次他与客户进行最后成交的会谈。他对成功很有把握，因为在前几次的会谈中他们聊得很愉快，这次如果没有问题就可以签单成交，但没想到的是，最后他却丢了这笔生意。当时.他觉得时机已经成熟，准备把需要客户签字的几张单据从文件夹里抽出。谁知就在这个时候，琼斯突然有点慌乱，内心莫名地紧张起来，他的手变得不听使唤了。

客户看到他这样一副神态感到很奇怪，进而充满了疑虑，“煮熟的鸭子”就这样飞走了。

琼斯之所以会突然产生这种令人失望的胆怯，其实是害怕自己犯了什么错.害怕被客户发现错误，害怕丢掉渴望已久的订单。就这样，胆怯的心理让致力于目标的专注。溃散得无影无踪了！

推销是充满变数的工作，从打电话约见面时间开始，一直到令人满意地签下合约，这条路上一直是处处充满惊险。因为你急切地想得到，所以更害怕会失去。要避免这种状况发生，只有完全靠内心的自我调节，你要时刻提醒自己：无论发生什么，无论什么时候，你都需要保持冷静，拥有一颗平常心，并且有信心地坚持目标，别怕让客户做决定。

美国一个职业调查机构显示，推销员之所以会在客户面前感到胆怯，很大程度上是缘于这些推销员有一种潜意识中的职业自卑感，他们觉得自己似乎是在乞讨谋生，而不是在帮助他人。产生职业自卑感的

主要原因是他们缺乏职业自豪感，没有认识到自己工作的社会意义和价值。这种状况的直接结果就是，很多推销员在推销最后的签约阶段，前几分钟还充满信心、情绪高昂，但突然感觉毫无把握、信心全无，以至于通常都是以丢掉生意而收场。因为客户会突然感到推销员的不稳定心绪，借机提出某种异议，或者直接拒绝这笔生意，使推销员大失所望、身心俱疲。

为了重建自我，推销员就会给自己找理由："今天本来就不吉利，难免嘛！""客户打从一开始就不想要。唉！有什么办法？""下一次吧，到时候我一定更加振作！还有后天，后天一定能做到大生意。"但这不过是给自己造成新的紧张心情罢了。

如果一个人心情紧张，就必然无法自在地思考。因此，推销员要想有所建树，就必须放松心情，注意客户可能传出的信息，以便立刻正确有效地掌握时机。

这就是说，到签约阶段时，推销员要表现出签单这个结果是一件理所当然的事，仿佛订单早已落入自己的口袋；其他的有关订单、推销额、约会等念头一律打消，把思想上所有的重担统统抛开。不管这之前推销员辛苦拜访过几位客户，也不管日后他还有多少客户要面对，他此时此地面对的是独一无二的客户，其他的统统不算数！客户肯定也能感受到这种气氛，他同样也会变得越来越轻松、开朗，对眼前将要做出购买决定的抗拒感也会越来越小。

另外，推销员要怀有一个积极平和的心态来看待交易的成败，从而有效地避免在生意成交的最后阶段出现紧张慌乱，不要使生意失之交臂。

其实，在你感到紧张的时候，你完全可以设想一下生意成交后的美景：客户对你的服务无比满意，而你也因为做成了生意得到了一大笔佣金，这是多么快乐的事啊！这样的想法将有助于你化解紧张与胆怯，帮助你镇定自若地与客户周旋。

有人把推销比喻为战争，并引用一位在战争中失去一条腿的军官的话来描述“看不见的敌人”的可怕：“最恐怖的是眼睛看不见的敌人。与眼睛看得见的敌人作战，心中多少有些充实感；但在密林中作战有看不见敌人，冲进去却没有抵抗，时间5分钟、10分钟地过去，在静谧中可怕极了。恐怖成了我心中的敌人……”

推销员也有两大敌人：看得见的敌人——竞争对手；看不见的敌人——你自己。

做推销工作如果没有顽强的斗志和必胜的信念，在面对日复一日的拒绝时，免不了会产生“受不了啦！算了，不干了，我再也不想干啦！我为什么非得折磨自己呢”等消极意识，这就是你心中看不见的敌人。它虽不可见，但它的害处却比可见的敌人大得多，它会一点一点地击碎你继续坚持下去的信念，使你放弃所有的努力。要想战胜这种看不见的敌人，除了你给自己打气外，别无良策。可以采用以下4种方法战胜胆怯的心理。

1. 承认胆怯确实存在

当你恐惧的时候，你身边的人可能会对你说：“这只是你的想象，不必担心，没有什么好怕的。”但是，以这种方式消除恐惧往往是无效的，这样的安慰治标不治本，只能让你暂时地消除胆怯的心理，并不能从根本上帮助你治疗胆怯和建立信心。其实，要想真正消除恐惧，最好的办法就是正确地认识它，坦然地承认胆怯是真实存在的，必须在征服它之前先认清它的真面目。

虽然说最初接触一项全新的工作总会有所畏惧，会产生胆怯的心理，但这种胆怯的心理会将你原本就不十分坚定的信心侵蚀得一干二净，让你根本无法主动地出击，最后的结果就只能是失败。

2. 胆怯是成功的头号敌人

可以说，胆怯是成功的头号敌人，它会阻止你去拥有机会，损伤你的健康活力，在你想说话时使你闭嘴，它是推销员们的致命伤。如果一个推销员面对客户恐惧得说不出话，就算手上拥有极具效用的商品，也无法将商品推销给客户，更不可能得到由推销所产生的利润。

所以，若想在推销界做出成绩，你首先要做的就是消除心理的胆怯，做好心理治疗。在治疗之前，你必须认同这样一个事实：所有的信心都是培养而来的，天生就具有信心的人几乎是不存在的；你必须经过忧虑、困窘之后才能获得信心。那些你所认识的充满信心的人们，他们之所以能够克服心中的障碍，无论何时何地都泰然处之，就是因为他们经历了足够的恐惧，最后他们战胜了它，并重建了信心。

3. 用正确的心态看待他人

用正确的心态来影响自己的行动。如果你能以正确的心态看待他人，你就能克服胆怯，勇敢地面对客户和推销中的一切艰难险阻。你要明白，别人是重要的，你也是很重要的。你与客户是同样重要的，你们能够坐下来谈判是因为你要做一件对双方都有好处的事，客户并不会因此而变得更为重要，你把非常好的产品介绍给他们，无疑是造福于他们，也许你这样做还能让他们实现梦想，享有美好人生。你还要记住一点，你们只是在交易而已，他们是你帮助的对象，没有什么特殊的优势。当你这样想的时候，你就没有什么好恐惧的。

4. 用行动治疗胆怯

果敢的行动能治愈胆怯，反之，犹豫、拖延将滋生胆怯。最明显的例子就是，新兵在刚刚接触跳伞训练时觉得刺激、有趣，可一旦到了飞机上准备往下跳时，往往头脑中一片空白。这些人所显现出来的胆怯是真实的。然而，考验他们能否击败那份胆怯感的，只是打开机舱的那一瞬间而已，他们只要鼓起勇气跳下去，胆怯就被击败了。所以，当你感觉到恐惧的时候，不妨立即行动起来，不要给自己保留恐惧的时间。

**推销秘籍** 告诉你一个办法，对任何让你紧张的事都有效。就是当你做某事紧张的时候，一定不要呆住，大脑里面尽量思考办法，让自己冷静下来。不管你能不能成功，每次遇到紧张的事，你就想办法让自己冷静。多试几次，就能慢慢摸到门道。其实遇事紧张，只是一种心理作用，只要能说服自己就行了。

## ◆ 轻视团队合作的自负心理

有句古语说得好：三个臭皮匠，赛过诸葛亮。个人的智慧总有限，众人的智慧大无边。世界上最强大的力量就是合作，合作、借力能产生显著的效应。看看下面这个故事：

从前有个偏僻的村庄，那里的人过着食不果腹的穷苦日子。于是上帝决定拯救他们，准备了鱼和鱼竿作为礼物送给这些人们，但是每个人只能挑选一份礼物。

一天，过来了两个人，一个要了一些鱼，另一个要了一支鱼竿。得到鱼的那个人立即生起了火，把鱼全给炖了，由于太饥饿了，他狼吞虎咽，连鱼带汤全部下肚了，竟连鱼的滋味都没有品尝到。因为吃得太急了，这个人被撑死了。另一个人拿着鱼竿向海边走去，由于路途遥远又没有食物充饥，所以还没走到海边这个人就饿死了。

后来又有两个人走过来，他们也分别要了鱼和鱼竿，他们没有分道扬镳，而是带着这些东西一起往海边走去，饿的时候他们就取出几条鱼来充饥。就这样，他们坚持着走到了海边，两个人开始以钓鱼为生。由于他们分工明确，合作愉快，过了不久，他们都各自挣了许多钱，盖了房子，开始了美好富裕的生活。

俗话说："一个好汉三个帮。"在这样一个分工精细的时代，单凭一个

人的力量往往很难成事，合作的力量就凸现出来了，它可以使人们的优势实现互补，最终使效益最大化。推销也是如此。推销能否成功，主要取决于推销员的个人素质，因此很多人认为推销就是一场独角戏，根本不需要合作。事实上，很多时候，推销时需要推销员相互配合、一唱一和，进行合作才能取得成功。那种把推销看作是推销员一个人的事情的看法是非常狭隘的，因为没有人是万能的。

有一家广告公司的业务部有两名优秀的员工，她俩的业绩在公司中是最好的，而且从来都是并列第一。她俩中有一个性子火爆、快人快语，心里藏不住事；另一个则是温柔优雅，从不高声说话。她俩一见面就常常斗嘴。就是这样的两个人却总是并肩作战，而且几乎是屡战屡胜。有人感到不解，就去问她们做出这样优秀的业绩的方法。但她们常常笑而不答，这更引起了人们的好奇。

后来，人们终于解开了这个谜团。原来，每次面对客户的时候她们都会起争执，但那不是随意的、毫无章法的争执。她们会针对客户所提出的问题或客户心中的疑虑，从相反的两个方面加以解释，把产品的优点与缺点一起展示给客户。表面上看，客户有时会感到烦躁或无所适从，但很快就会从她们的争执中明白决定购买的好处大大地多于拒绝的好处．最终爽快地成交。

这种方式也就是传统中的一个唱“红脸”，一个唱“白脸”的推销方式，它往往使客户在不知不觉中接受推销员的商品。在推销的过程中，两个人相互配合使用这种手法，一方首先把对方逼到心理的死胡同里去，令他一筹莫展；这时另一个人出来给他指点一条逃避的暗道。在这种情况下，对方通常会奔向那条可以脱身的暗道，从而达成交易。人们常说的“石绳法则”，就是石头可以击伤人，草绳也能照样把人捆起来，它在商务洽谈中往往可以发挥更大的作用。

据说美国富翁霍华·休斯性情古怪、脾气暴躁。有一次，为了采购飞机与飞机制造商的代表进行谈判，休斯要求在合约上写明他所提出的 34 项要求，并对其他竞争对手保密。但对方不同意，双方针锋相对，谈判中冲突激烈，对方甚至把霍华·休斯赶出了谈判会场。

后来，霍华·休斯想到自己没有可能再和对方坐在同一个谈判桌上，也意识到是坏脾气把这场谈判弄僵了，于是就派了他的私人代表奥马尔出来继续同对方谈判。他告诉奥马尔：“你只要争取到 34 项中的那 11 项没有退让余地的条款就行了。”奥马尔态度谦和、通情达理，使飞机制造商的代表感到格外轻松。经过了一番谈判之后，争取到包括霍华·休斯所说的那非要不可的 11 项在内的 30 项合约条款。

霍华·休斯惊奇地问奥马尔是怎样取得如此辉煌的胜利时，奥马尔回答说：“其实很简单，每当我同对方谈话不一致时，我就问对方：‘你到底是希望同我解决这个问题，还是要留着这个问题等待霍华·沭斯先生同你解决？’结果，对方每次都接受了我的条件。”

在进行谈判时，买方往往并不首先把真正的条件摆出来。尤其当买方派出两人参加谈判的场合，其中一人首先提出尽量苛刻的要求，令对方惊惶失措，不知如何应对，即在心理上把对方吓倒，这时由另一人提出一个较合理的方案（即真正的方案），自然是给了对方一条出路。在这种阵势面前，就是从客观上分析两个方案的不利的条件，对方也会认为后面的方案好得多，表示接受。

这种技巧被众多的商人广泛地运用。他们先是虚张声势，气势十足，以“如果不接受此种条件，一切免谈”之类的话先来个下马威。如果此招不成，他们就开始以“退出谈判”要挟，最后其目的难以得逞，就转为甜言蜜语，总之就是先硬后软。

显然，霍华·休斯的面孔及其私人代表奥马尔的面孔分别看来并无奇异之处，合二为一则产生了奇特的妙用，这便是上面所讲的石头绳子一起用的奥妙所在。

所以，作为一名推销员，你完全可以好好地利用团队优势，让自己和

合作者淋漓尽致地发挥各自的特长，使客户更加顺利地签单。

不过，虽然团队协作确实有利于提高推销的成功率，但推销员还要注意以下问题：

1. 一定要找到一个好搭档

找到与自己相适合的搭档一起进行推销工作，重要的是要与自己有互补作用，包括能力、特点、性格等方面。其实这样的同事应该是自己最好的朋友。千万注意不要仅仅因为利益而合作，否则推销组合早晚会因为利益而解散，甚至使自己陷入麻烦之中。

2. 各取所长

在一个推销团队中，哪怕只有一个搭档也要做好分工，充分地利用每一个人的长处，尽可能地互补每个人的短处。有的人善于表达，有的人亲和力强，有的人专业纯熟，如果各自发挥自己的优势，两人的合作则是强强合作，反之则会越干越糟，搅黄本来很有可能成交的生意。

3. 互相帮助

在推销活动中，团队的每一个人都要注意观察，主动地发现问题并及时地纠正，帮助大家改进。另外，在推销过程中，一旦发现自己的伙伴有所闪失，比如与客户沟通不利，就要挺身而出，出来打圆场。

4. 不要太过计较

团队相处，难免有摩擦冲突，作为一个好的推销员应该学会宽容，只要不是原则问题就要有容人之量，不要斤斤计较。

**推销秘籍**　团队合作指的是一群有能力，有信念的人在特定的团队中，为了一个共同的目标相互支持合作奋斗的过程。它可以调动团队成员的所有资源和才智，并且会自动地驱除所有不和谐和不公正现象，同时会给予那些诚心、大公无私的奉献者适当的回报。

## ◆ 对不同客户的势利心理

有一天早上，一个推销员来到一家公司，坚持要见经理。

经理的秘书出来问他："你是否和总经理事先有约？"

"没有。但我有些情报，相信他一定急于知道。"推销员回答。

秘书又问他的姓名及所属公司，他随口报出一个名字，不说自己是哪家公司的，并强调纯粹为私人事务。

那名秘书不免有些怀疑，说："我是他的秘书。如果你有任何私事要跟他谈，我也许能代为处理。他现在非常忙碌。"

他觉得这是对方的托辞，便持道："既然是私事，我想最好能直接与经理谈。"

事实上，当时总经理正好忙于制订下一季度的工作计划，听到秘书的汇报后就匆匆走了出来。推销员自我介绍并与对方握手后，便说是否可到办公室谈 5 分钟。经理问他："到底有什么事？"

他说："纯属私人事务，但我在这几分钟内可以让您明白一切。"

他们进了办公室后．推销员说："您好！我们提供一项税务调查服务，可替您省下一笔可观的税金，而且这项服务完全免费。我们只希望能得到一些有关您的资料，并以处理机密文件的方式慎重保管。"接着，他拿出一张"问题表"，对经理展开一连串的调查和提问。

经理很生气，他紧紧地追问："等等！你是在向我推销东西吗？你是哪家公司的业务员？"

推销员变得支支吾吾："先生，很抱歉，可是……"

经理厉声再问："你到底是哪家公司的？"他不得已说出来。经理立刻呵斥了一声："给我滚出去！你竟然跟我耍诡计！如果你不赶快滚蛋，看我怎么把你扔出去！"推销员见状，只好灰溜溜地走了。

事后，那名推销员始终没有想明白自己为什么会失败。其实，他之所

以失败，只是因为以下一些原因：

一是他虽告知秘书自己的名字，却回避了秘书小姐“请问你是哪家公司的人”的问题，这引起了秘书的猜疑。

二是当秘书小姐说经理正在忙碌时，他表现出不相信的神情，并坚持己见，以致引起秘书小姐的反感。

三是他要花招才得以进入办公室，因此断绝了他以后再进这家公司的机会。即使他所属的公司颇具规模且名气很大，但经他如此一来，以后该公司的其他业务员也将很难与该公司建立交易关系。

四是他没有预约，而且坚持在经理正忙于做事的时候约见，他当然不受欢迎。

在推销时，诚实固然很重要，但是客户的下属更加重要。事实上，很多时候客户的下属尤其是秘书是极具影响力的左膀右臂，他们足以影响大局，只要信任他们，诚恳地尊重他们，约会事宜总是可以顺利完成。如果忽略了他们，或用玩花招要诡计的方式对待他们，那么无论你的推销点子多么新颖、口才多么犀利，你也会失去胜算。如果你能让他们对你产生好感，他们就会变成你的助手，心甘情愿地帮助你。

有一位推销员为医药公司的产品做推销。他的客户中有一家小药店，他每次到这家店里去的时候，总是先跟柜台的营业员寒暄几句，然后才去见店主。有一天，他又来到这家药店，店主突然告诉他今后不用再来了，药店不想再买推销员公司的产品，因为他们公司的许多活动都是针对有钱的人设计的。这个推销员只好离开商店，他开着车子在镇上转了很久，最后决定再回到店里，把情况说清楚。

走进店时，他照例和柜台上的营业员打招呼，然后到里面去见店主。店主见到他很高兴，笑着欢迎他回来，并且比平常多订了一倍的货。推销员十分惊讶，不明白自己离开药店后发生了什么事。店主指着营业员说：“在你离开店里以后，营业员走过来告诉我，说你是到店里来的推销员中唯一同他们打招呼的人。他们告诉我，如果有什么人值得做生意的话，应该就是你。”店主同意这个看法，从此成了这个推销员最稳固的客户。

**推销秘籍** 关心、重视每一个人是推销员必须具备的素质。推销员在与人相处时，要想受到欢迎，就应真诚地关心别人、重视别人，尤其不能对客户的下属置之不理。因为每一个人在内心深处都是非常重视自己的，只要给予他们应有的尊重，你就会获得意外的收获。

## ◆ 因循守旧、墨守成规的方式

乔·吉拉德说过这样一句话：因循守旧、墨守成规是推销工作的大忌。其实创新并不神秘，就是打破常规、逆向思考、独辟蹊径。有道是“条条道路通罗马”，有成就的人绝不会沿着一条道走到底，而是认准目标，旱路不通走水路，大路不通走小路。

“兵无常势，水无常形”，用兵打仗最讲究一个“奇”字。同样道理，在现代社会中，一个人如果能超越常规，敢于创新，往往能取得好的成就。

众多厂家常以“物美价廉”来吸引客户，而美国休利特－帕卡德公司（惠普公司，简称HP公司）的总经理派德却有与众不同的经营理念：要多在产品上下工夫，以优异性能使消费者愿意多付钱，而不要在价格上竞争。

当其他公司为提高营业额而纷纷降价推销和减少研制费用的时候，HP公司却反其道而行之，将产品平均提价10%，将研究开发费用增加20%。在这以后，HP公司持续3年的高增长率降下来了，但公司的利润额却得到了大幅度的提高。数字很能说明问题：当年6月，HP公司的营业额只上升了14%，为46 000万美元；而利润却上升了21%，为4200万美元。更令

人吃惊的是该公司的资产负债的变化，一年前，HP 公司短期负债为 11 810 万美元，并准备计划长期负债，但在公司转变经营观念以后，HP 公司却几乎偿清了债务。

这一变化似乎令人难以想象，HP 公司的做法显然违背常理，但效果却如此明显。这说明，在一个一切按常规正常运行的社会里，“不按牌理出牌”有时真能使企业脱颖而出。

HP 公司作为一家主要经营电子计算机、电子仪器的制造商，以其独特的经营哲学和经营策略回答了如今高科技公司所面临的共同难题：一方面，技术更新加快，市场竞争加强，公司必须投入大量的资金，研究开发新产品，保持技术领先；另一方面，经济衰退，银根紧缩，公司必须尽量削减费用支出，研究费用则首当其冲，而提高科技水平是高科技公司的生存之本，一旦研究投入减少，公司的竞争力将不可避免地下降。

当然，HP 公司之所以敢于将大笔经费用于研制、创新，凭借的是其先进技术所研制出的产品不可能被迅速地仿造，这样该公司才敢增加研究费用，还将商品提价。所以，“超越常规”并不是“人有多大胆，地有多大产”的胡乱犯规，而是一种有其根基的创新思维。

同样地，柯达公司在开发新产品“傻瓜相机”时，也是超越常规，与当时的其他相机经营、研制人员的策略相反，反其道而行之，从而大获成功。

当照相机的功能越来越多、普通人使用起来感到越来越烦琐时，柯达公司反常而思，反常而行，结果创新出适合多数人使用的全自动相机。“傻瓜”使柯达公司发了大财，原因就是在于“反常而行”。相机的功能开始并不复杂，可在人们的不断创新下性能越来越好，操作使用也显得越来越烦琐。这对于专业摄影者来说当然无所谓，对普通人来说就不方便了。因此，当其他公司还在考虑如何让照相机更加精密时，柯达公司却让相机的使用操作简单得不能再简单——只需轻轻地一按便可完成照相过程，就连“傻瓜”也可操作，这便获得了一个革命性的创新成果。

超越常规，打破常规，大胆创新，不仅使得柯达公司这样的企业有创新的机会，甚至还能使企业起死回生。

创新其实是一种竞争心态，如果将这种心态指导你的行为模式，那么你就会随时都有一种寻找创新机会的心理反应，就有创新的敏锐观察力，就会随时发现创新点，就不会让能体现创新的机会从你的眼皮底下溜走。“不要总跟在别人后面”，这是成大事人的一种共识，因为只有当你有了与别人不同的东西，你才有更强的竞争力，才能够在激烈的竞争中先声夺人、胜出一筹。

在北京市举办的家具博览会上，各家具公司利用这个机会展出自己最新款式的家具，以求得消费者的认可。几乎各个厂家拉去的都是成品家具，独有一家公司别出新招，拉到展览会上的都是半成品。这家公司的营销主任别有谋略，他要在现场由工人将产品的内在质量和结构展现出来，让消费者挑选好，现场组合制作，放心购买，这种展销模式赢得众多消费者的认可。因为很多家具从表面上是没法看到内部结构的，客户对质量都心存疑虑，而这样现场组合制作，让人能从内部到外观都有了直观的了解，使消费者的放心度和认购心理得到巩固。

就是这样的一个创意，使得该家具公司在此次博览会上的销售业绩名列前茅，企业知名度也大大地提高，真是一举多得、名利双收。

一个小小的创新就可以在激烈的竞争中胜出，如果总是因循守旧地围着一个传统的模式转，那是很难做到这一点的。因此要不断地创新，不要总跟在别人后面，尤其是从突破对方的心理入手进行创新，你就有可能在竞争中胜出，做到领先，取得竞争的胜利。

20 世纪 70 年代，以生产化妆品闻名于世的罗杰公司，终于在不懈的努力下敲开了被称为化妆品之都的法国巴黎消费的大门，但要使自己的产品能在巴黎站住脚并得以认可却绝非易事。

当时的法国化妆品市场已经被各国的知名公司和法国本国的产品塞得无缝可钻。罗杰公司就产品如何在这激烈的竞争中打开销路这一问题，其公关部和推销部做了仔细的分析，决定推陈出新，改变传统的推销方式，以一种全新的推销理念做切入点，打开局面，展开攻势。

按当时传统的推销方式，高级化妆品都是采用直销的方式上门促销的，但罗杰公司用当时并不流行的邮寄方式给用户送去试用品和回执卡，当用户觉得试用效果好时，就填回执卡，寄费邮购。

大家都知道，法国的化妆品在世界上都是享有盛名的，到化妆品之都去竞争市场，无异于虎口拔牙，挑战的难度之大是可想而知的，但罗杰公司却明知山有虎，偏向虎山行。他们认为，越是挑战的地方越有可值得挖掘的潜力和市场。

就是这种别具风格的挑战魄力和竞争意识，加之独特的促销手法和创新的理念，使得罗杰公司不仅能在虎口拔出牙来，而且不断地创新，使其化妆品市场不断地向外扩张和延伸。那么，他们除了以邮寄的方式推销外，还开发了哪些新的推销方法呢?

这要从罗杰公司的回执卡说起。罗杰公司寄出的回执卡，并不是简单的商品数量和金额的多少，而且登记用户喜好什么颜色、喜欢什么花及其生日档案、星座记录等有关个人的资料，回执卡寄回后，公司的专职人员将每个用户的个人资料全部登记建档。

在他们每次给用户寄订购的产品时，都根据档案的记录准时地附寄上一些小礼物，花费并不大。试想，当用户收到所订产品的同时，还能意外地收到一份小礼品，这些客户还会有别的选择吗?

用户不管是否订购了产品，每逢生日都会准时地收到罗杰公司的生日礼物，很多人在无意间都成了罗杰公司的义务推销员。

从突破对方的心理入手，这种富有人情味的创新推销举措，使该公司的产品在法国化妆品市场的激烈角逐中取得了非凡的成绩。

**推销秘籍** 作为一名推销员。要想在竞争中立于不败之地，势必着眼于人们的心理需求，根据人们的需要不断地推陈出新，以此来开创自己的天地。

## ◆ 贬低对手的狭隘心态

有一个推销员去见一位客户，那位客户是一家大公司的采购主管。这位推销员反复地说自家的产品如何好，说其他厂家的产品如何不好，在他看来，除了他的产品，其他厂家的都是质量低下的问题产品。这位采购主管性格耿直，很听不下这样的评价，便和推销员吵了起来。刚开始语言不是很激动，后来推销员百般巧言辩驳，强词夺理，惹怒了采购主管。采购主管坚决拒绝推销员说："你说你们的最好，价格也是最合适，不过我们已经把你们的产品排除在采购清单外了。你们再降价也没有用！总之我们不会再考虑你们的设备了！"

乔·吉拉德说，贬低对手的狭隘心理是推销员的心理误区，其实贬低对手就是贬低自己。靠贬低别人来抬高自己的做法，最终会使自己陷于被动，甚至失去原本可以把握的机会。所以，不贬低诽谤竞争对手的产品应该是每一个推销员都应该坚持的一条铁的纪律。作为一名合格的推销员，你一定要记住，把别人的产品说得一无是处，绝不会给你自己的产品增加一点好处，反而会把你推向深谷。

在推销中，如果在客户面前遭遇对手，推销员除了赞扬对手之外，不应当有任何负面的情绪。如果客户首先说起竞争商品的情况，你就应当先赞扬它几句，然后转变话题："是的，那种产品很好。但现在还是来看看我们的！"一般情况下，完全回避竞争对手，就会使客户没有时间再去考虑别的商品。

有的时候，按这种方法办事常常不是最佳战略。某些竞争厂家的品牌可能早已在准客户的脑子里占据了重要位置，用回避的办法是难以将它驱除的，但客户并不愿意主动地谈论他们内心宠爱的另一种产品，因为他们害怕推销员会指出他们的偏爱有问题。所以，在此时保持沉默是最好的处理方法。

当然，如果推销员决心要对付竞争对手，那首先就必须设法让客户把心中喜欢的另一种商品讲出来，并听听他对其产品的看法。比如，精明的汽车推销员在刚一开始谈生意时，就要探明竞争对手在客户心目中的地位。为了搞清客户都见过哪些汽车和最喜欢哪一种汽车，聪明的推销员可以这样问："到目前为止，在您见过的所有汽车当中您最喜欢哪个牌子的？"客户的回答可以为洞察力很强的推销员提供大量的信息。如果客户的回答是"××赛车"，那你再向他推销稳稳当当的轿车就是对牛弹琴了。绝大部分汽车推销员都害怕跟头一次买汽车的人打交道，因为推销员都知道，不管给这类客户提供多么优越的购物条件，他们仍会认为有必要先转一圈看看再说。所以，聪明的汽车推销员都喜欢等客户看过其他牌子的汽车后再接待他们，这时就有成交的希望了。

毫无疑问，避免与竞争对手发生猛烈"冲撞"是明智的选择，但是要想绝对回避也是不可能的。推销员如果主动地攻击竞争对手，他将会给人留下这样一种印象：他一定是发现竞争对手十分厉害，觉得难以对付。人们还会推理，这个推销员为什么会对另一个公司的敌对情绪这么大，可能是因为他在该公司手里吃过大亏。于是客户下了一个结论：如果这个厂家的生意在竞争对手面前损失惨重，他的竞争对手的货就属上乘，我应当先去那里瞧瞧。

在不得不进行比较时，推销员应当对竞争对手摆出一副超然而又公平的姿态，对其产品的无可否认的优点给予充分的肯定。比如，汽车推销员可以这样讲：×××牌汽车具有多方面的优点。众所周知，它很漂亮，这里的经营商正在卖力地推销。它的发动机虽小，但能长途跋涉。如果您不走快车道或不需要带人的话，您一定会喜欢它。”言外之意，这种车搭载乘客的能力和安全性很值得怀疑，聪明的客户自然会从你的话里听出你的隐含信息。

**推销秘籍** 当个体所追求的目标受到阻碍而无法实现时，为了保护自己的价值不受外界威胁，维护心理的平衡，当事人会强调自己既得的利益，淡化原来目标的结果，以减轻失望和痛苦。

## ◆ 盲目自大的心理

笑笑从事空调推销工作已经四年多了。四年多的时间里，他通过自己的努力，从一个没有经验的业务新手逐渐地成为一名水平很高的推销能手，并且已经被提升为公司的推销经理，如果他继续努力，公司就可能让他负责某一地区的全部推销工作。

但是，一向被上司看好的笑笑却失去了以前的热情和干劲儿，开始骄傲自大，满足于现状，不再积极地追求上进。一次他和客户谈生意，回到公司以后，居然很得意地向下属炫耀，并且评价客户很笨，那么轻易就让自己得手。他以前从未说过这样的话，下属听了觉得很不舒服。

笑笑觉得自己的职业根基已经很稳固，没有必要再拼命付出，于是开始关注自己生活上的享受，在工作之外再也不理会推销的事情，也不再学习和充电，个人的能力不断地下降。当有人提醒他要注意自己的竞争对手的时候．他总是不屑一顾。他在拜访客户时也是心不在焉，把客户的资料弄得乱七八糟，结果他的业绩逐月下降。最后，他的上司很失望，把他降职，原本很风光的他再也风光不起来了。

有些推销员常常有种盲目自大的心理，总认为自己是了不起的人，但事实上他们往往是最没有本事和能力的人，因为有本事的人只用实际行动来说明问题，而不是靠一张嘴来炫耀。盲目自大往往与无知连在一起。俗话说：“一瓶子不响，半瓶子咣当。”凡是盲目自大的人，因为看不见别人的优点，便过高地估计自己，过低地估计别人，但一旦碰上对手，就会不堪一击。

骄傲自大的人在别人面前只会一味地吹嘘自己，不但看不出大家风范，反而透着一股小家子气。其盲目自大，一味吹嘘，短时间内可能会蒙蔽别人，但是最终还是会因为名不副实而使自己身败名裂。盲目自大的情绪是要不得的，从近处来说，盲目自大会限制自己的发展；从长远来看，盲目自大则会断送自己的前程。

有些推销员常常认为自己不需要任何人的帮忙，他们虽然有一定的才华和能力，却把这仅有的才华和能力无限地放大，说话言过其实、出言不逊，而在真正做事的时候却是眼高手低、勉强为之，甚至根本就做不了，大大地降低了自己在上司、同事和客户眼里的信誉，最后只能失败而归。

有的推销员在取得一点点成绩之后，就开始飘飘然，觉得自己已经无人能及了，于是自我吹嘘，甚至以大师自居，随意指教别人，对客户说话时也是以长辈和专家自居，盛气凌人、趾高气扬，遇到什么难题都盲目地冲上前去，口口声声说自己能行，其目的只为炫耀自己。可是到真正去解决问题的时候，他们不懂客户问的问题，不能满足客户提的要求，不能巧妙地应对，最终只得尴尬地退场、狼狈而逃，被众人耻笑，其业绩也就可想而知了。

盲目自大只会使人麻痹大意，找不准自己的位置，看不清自己前进的方向。作为推销员，如果终日陶醉在自以为很了不起的优越感中，总是自我感觉良好，甚至趾高气扬、目中无人，根本不懂得学习和提高自己，其结果就是在竞争中渐渐地毫无竞争力，以至于被淘汰。

只有正确地看待自己和他人的人，才能不断地从他人身上汲取到有益的养分，从而迅速地成长起来。所以，有自大心理的推销员应该及时地对自己进行一番全新的评估，实事求是地评价自己的能力、知识水平，重新为自己设定合乎实际的目标，使自己心态平和地看待自己，激发起自己的上进心，不要满足于现状，不要稍有一点儿成绩就飘飘然，不知道天高地厚。要知道，自己不过是刚刚做出了一点成绩而已，和顶级的推销员相比还有很大的差距，所以实在没有什么可值得你骄傲的。事实上，你还需要加倍地努力，才不至于落后于别人。

如果你要使自己的推销业绩更上一层楼，你就应该让自己冷静下来，时刻保持一颗谦虚的心，虚心地向比自己优秀的人学习，取人之长，补己之短。在这个世界上，谁都不可能是无所不能、万事皆通的全才，人们只有通过向别人学习，才能够使自己更加聪明，更快地进步。

推销员在工作中应该努力地避免自己产生狂妄自大的心理，应当增加自我约束，清楚地认识到自己的真实能力和水平，以一颗平常心对待成败。一个好的推销员必须善于调整自己的心态，既要有百折不挠、不怕失败的精神，又要保持平常心，不骄傲自大，保持应有的谦虚。以前的业绩只是一个历史的记录，推销员可以从中学习到经验，但决不能让它成为束缚自己手脚的阻力。所以，要做好推销就要有从头开始的心理准备：即当你签订了一个订单之后，不过是你向下一个订单努力的开始；当新的一个月开始以后，以前的推销成绩就已经成为历史。没有人可以永远坐在自己的已有的成绩上，不管你做得好或不好，都应该把心态调整过来，重新投入到当前的工作中。只有这样你才能重新树立信心，正确地认识自己，向更高的目标努力，才能够永远都有收获，永远都屹立于竞争的潮头。

总而言之，不管在什么样的情况下，作为推销员的你都要避免那种看

不起别人、看不到自己的差距、盲目地自满的心态。要正确地对待自己和他人、成功和失败、业绩与拒绝，要心态平和，不自大，不狂妄，学会培养自己的信心，使自己正确地认识自己所做的工作和所拥有的优势，使自己对推销工作有一个充分的了解，找到工作与个人能力的最佳结合点，更好地发挥出自己的特长。同时要在对自己就职的公司的正确认识的基础上，真诚地与公司进行合作，努力地维护公司的利益，这样才能既体现出自身的价值，又得到公司的认可，增加自己的归属感和安全感，使自己对公司充满信心。

**推销秘籍**　一个人表现出来的自信心超出本人的实际情况，演变成盲目自大和自负。而过度自负，不仅有损心理健康，还会给人际关系带来负面影响。所以推销员一定要克服这种心理

## ◆ 急于求成的浮躁心理

在推销中，一些推销员往往有急于求成的浮躁心理，表现得过于急切，不切实际地希望客户进门就签约，或摆出一次就成交的架势，以致把客户吓走。要想丢掉一个订单，最简单、最有效的方法莫过于推销员在可签单付款时把自己的急切之情溢于言表。

因此，当客户的购买欲望激发起来之后，推销员绝不能催促客户买自己的商品。如果你急于让客户购买，就可能会带来如下几个问题。

（1）你的货是不是有问题，否则为什么这样迫切地推销？一旦客户产生这样的疑问，生意也就甭想做了。

（2）如果客户匆匆地买完商品后，发现商品的质量有问题（可能是未好好挑选），或者没能弄清楚一些具体的操作规程而导致无法正常地使用，推销员的声誉势必会受到影响。

（3）“赶快买了、赶快回家”是客户的特权。如果你表现出“赶快叫他买下，赶快把他赶走”的姿态，客户立即会感到不满和厌烦。

因此，急于求成只会降低推销员的信誉，影响整个推销活动的继续进行。越是在关键时刻推销员就越要有耐心，要以极高的涵养和为客户负责的精神为客户做推销。所以，让客户仔细地挑选、反复地比较是十分必要的。同时，还要沉稳地向客户解释商品的每一个细节，当客户真的购买了你的东西之后会从心眼里感激你，并认为自己买得很值。

有一天早晨五点半，小宋被电话吵醒了，原来是周六在谈的一个客户打来电话。

原来那天有一个客户给他发了一条信息，说要购买特氟龙输送带。因为时间原因，小宋简单地跟客户介绍了一下产品，并向客户打了声招呼，并说有事的话可以给自己留言，之后给他留下了电话号码。客户说在星期日起程来小宋的公司，只是小宋没想到客户会到得那么早。

客户来了后，小宋和再次谈了一下产品的问题。其实这个客户采购的产品只有一千多元，却是从很远的外地来到小宋的公司，他们此次的采购只是一个产品的试验，虽然成交额不大，但对他们新产品的开发却尤为重要，所以想到现场听听小宋的意见。小宋对客户非常耐心地接待，还为客户做了一次现场演示。

最后，客户跟小宋讲了这样一件事：之前他也打电话跟其他厂家了解了一些关于产品方面的问题，但因为对方认为这一单很小而没有认真对待，所以他放弃了很多厂家。小宋没有因为生意小就漫不经心，不仅很耐心地讲解，而且还认真地做了演示，客户非常满意，所以签了订单，还与小宋达成了长期合作的意向。

乔·吉拉德说：作为推销员，你不能因为单子小或任何原因而不给予耐心的解答，甚至慢待客户，否则必将失去客户。有些推销员之所以缺少耐心，往往是因为以下几个原因。

1. 缺乏介绍产品的耐心

一些推销员认为，即使产品介绍得再好，反正最后还是要被拒绝，就觉得介不介绍产品是无所谓的事情，总认为想买的人就会买，不想买的人自己就是说破天对方也不会买。因此，他们便缺乏介绍产品的耐心，一见到客户就问买还是不买。事实上，即使是世界上最优秀的推销员在大多数情况下也是经常被拒绝的，而他们之所以成功就在于他们越是被拒绝就越是深刻地反省自己，以百倍的耐心想办法将产品更好地介绍给客户。大多数客户是有产品需求的，只要自己有足够的耐心和诚心，最终必定会打动客户。

2. 推销员本身是个急性子

推销是一种复杂的工作，缺乏耐心的人很难做好推销工作，真正成功的推销员往往是有十足耐心的。耐心不是天生的，是可以锻炼和培养的，推销员可以通过不断地训练来增强自己的耐心。当推销员求见一位客户，发现自己已经没有耐心的时候，就要不断地告诫自己：要坚持，要坚持到最后。只要这样长期地坚持下去，你就会发现自己不再那么急躁了。

3. 推销员希望节省时间

俗话说："两鸟在林，不如一鸟在手。"如果试图通过节省时间来多见客户，则往往由于缺乏耐心而被客户拒绝。因为这会让客户觉得你三心二意，客户会觉得你急于成交，被你吓走。所以与其这样不断地追求新客户，倒不如在老客户身上获取更好的推销业绩。

无论如何，推销员千万不要在推销过程中表现出缺乏耐心，因为缺乏耐心是对客户的不尊重。很多推销员在推销之前就没有耐心，没有制订推销目标和推销计划，拿起产品就兴冲冲地出门了，最后扫兴而归。这种推销员无论如何努力，终究无法到达成功的彼岸。

**推销秘籍** 现在浮躁心态在推销行业也普遍地存在，很多人恨不得今天沟通的一个朋友，就直接定位最高级别，恨不得每一位伙伴都是老鹰。恨不得一开始就可以成为推销大师。这样只会把事情弄得更糟。